U0922003

GUFA

经邦济世

股法

股权激励领域的拓荒者

以股权为核心　打通企业任督二脉

中国式股权实战

股权时代企业家必读宝典

薛中行／著

湖北科学技术出版社
hubei kexue jishu chubanshe

GUFA
股　法

薛中行，名锋，字中行。中者，君子中立而不倚；行者，天道周流而无疆。出于对中国古典文化的热爱，潜心钻研《周易》二十余载，具有现代商业经济与中国古典哲学的双重思维方式和文化底蕴。

“五步连贯股权激励法”创始人，被誉为股权激励领域的拓荒者。现任上海经邦企业管理咨询有限公司创始合伙人，经邦股权投资基金管理公司董事长。

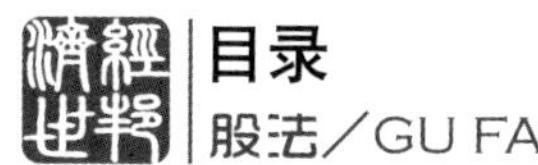

目录

股法／GU FA

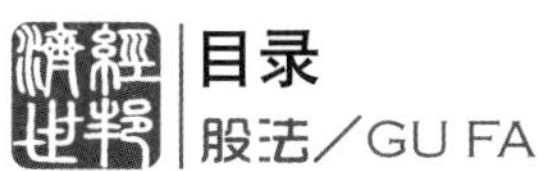

绪论

治理企业犹如“烹小鲜”，无为而治是最高境界。所谓大道无为，正是这个道理。

大道无为

治理企业犹如“烹小鲜”，无为而治是最高境界。所谓大道无为，正是这个道理。

道为何物，以“道”治企

大道无为来自于中国道家思想，而这个“道”字，是贯穿《老子》这篇只有短短五千言文言文的精髓所在。何为“道”，也是历来为大家所讨论的焦点。

这个“玄之又玄，众妙之门”的道，是非常难理解和揣摩的。《老子》有云：“道可道，非常道。”“道”可说，但说出口的“道”，可能就不是原先那个原汁原味的“道”了，这里面又会生发出很多哲学上的争论。

“有物混成，先天地生。寂兮寥兮，独立而不改，周行而不殆，可以为天下母。吾不知其名，强字之曰道。”“道”是宇宙万物的本体，并且具有普遍性、客观性和永恒性。在《老子》的著者看来，“道”存在于万事万物之中，这个世界就是按照“道”的演化而自然发展变化的。人类社会与自然都是按内在的演变规律而自然发展的。人的所作所为就是要按这个规律去办，要“合乎自然”。统治者所需做的就是“顺道化民，合于天道”。切莫做违背“道”，违背自然的“有为”。

帝王需要遵循道来治国，企业家亦需要遵循道来治企。在国家治理中，能够达到的理想境界是“太上，下知有之”，意思是说民众仅仅知道有这么一个君主存在，至于其他的，则“功成事遂，百姓皆曰：我自然”。天下大治，人民安享太平盛世时，根本不知这是君主治理的结果。对于民众来说，一切都是很自然的。

同样的道理，对于企业家来说，调动员工的积极性，这就是大道。把握此“道”，员工不知其治，却反为其治。企业家能够充分调动起员工的积极性，让他们把企业的事务当成自己的事务来认真对待，何愁企业做不大？

无为而治，以“股”为核

大道无为，无为而治。《老子》认为最理性的治理者应当推行“自由放任”从而“无为而治”。然而，有不少人都曲解了这个词的意思。“无为”并不是不作为，对应到企业中，也绝不是说企业家任何事都不需要做。道家思想中的“无为”是建议君主切莫做有悖于“道”、“自然”之事，是有特殊含义的。

“无为”是为了“无不为”，“有所不为”是为了更好的“有为”。简而言之，对于企业家来说，在无为的状态下最重要的就是牢牢把握住企业的控制权，诸如利益和财富都是可以分享的，但是股权却是重中之重，一举一动皆不可轻率。

有很多企业家觉得工作很累，其原因在于他们管得太多。无为而治的核心就在于股，把握住这个核心，其他的不必事事亲力亲为，而应“有所为有所不为”。管得最少的政府是最好的政府，管得最少的老板才是最好的老板。

具体来说，企业家如何实践“无为大道”呢？——以“股”为核心，可以驾驭能人去管理企业，亦可以调动起员工的积极性。欲使股权能为自己所用，首先要将企业的控制权牢牢攥在手中，其次，对于如何才能发挥出股权的力量也要有清楚的认识。这些，在本书中都有详尽的叙述。

将“将”，公司治理之道

在利用股权驾驭能人管理公司的问题上，需要区分一个概念，那就是公司管理和公司治理。我们很多时候对前者了解太多，对后者了解太少，还经常性把两者混淆。实际上，在小企业中治理和管理是不用作区分的，也就是说你作为老板，可以既是董事长，又是总经理，还是营销骨干。但是，当企业发展到了一定规模以后，治理就要和管理区分开来。董事长管好企业发展方向，负责公司治理，让总经理和营销骨干们去负责公司管理就行。

历史上汉高祖刘邦和他手下能臣之间的故事，可以给我们很好地解释治理和管理的区别。

历史记载，韩信这个人，性格不羁且不拘礼节，但才华横溢。刘邦做皇帝之后，有一天大宴群臣，他对着台下的人问：“你们觉得我刘邦能带多少兵？”群臣没人敢应答，只因为实在是不好直说。大家都知道刘邦是个屡败之将，在历史上著名的彭城之战中，刘邦率领56万人进攻项羽，最后却被西楚霸王杀了个回马枪，汉军死伤数十万。

刘邦本人在带兵方面并没有很出色的才能，但是碍于他是皇帝，众臣心里有话也不敢直言。而韩信这个人胆子比较大，又是创业功臣，有演义传说记载，刘邦曾经许诺他三不死：见天不死，见地不死，见兵刃不死。有了这样的“免死金句”保命，韩信就跟刘邦说：“陛下带兵不过十万。”刘邦听了此话，觉得很纳闷，就反问他能带多少兵。韩信答道：“韩信将兵，多多益善。”

刘邦一听更不解了，他认为自己只能带十万兵，而韩信可以带的兵比他多，为何今天是韩信跪在地上叫他万岁，而不是他自己跪在地上叫韩信万岁呢？正当刘邦疑惑不解时，聪明过人的韩信说了一句话：“陛下不能将兵，而善将将，此乃信之所以为陛下禽也。”意思就是说，陛下虽然不懂如何带领军队，却善于指挥将军，这也是韩信之所以为陛下所用的原因了。[1]前面所说的治理指的就是将“将”，说的是刘邦这个老板怎么驾驭韩信、张良、萧何这些大臣；而管理呢，说的就是韩信怎么用十面埋伏的计策，怎么打仗。

所谓“将兵容易将将难”，想要自己的企业达到“无为而治”的境界，不是一件容易的事。企业家一方面要建立合理的治理机构，把控好人才关；另一方面要放权管理，把自己从凡尘杂务中解放出来，从而可以考虑更高层级的问题。而要想做到这些，都离不开对股权的运用。

在国家中，君主应当无为；在企业中，领袖应当无为。企业家要把握住调动员工积极性这条“大道”，坚持“以股为核心，行无为大道”的理念，方可带领企业做大做强，最终实现“一览众山小”！

创业凯歌，由靠谱团队奏响

对于一个老板来说，最核心的是什么？我认为应当是选人用人，也就是上文中提及的将“将”。如何做一个营销方案，如何做一个区域活动，这些都不是将“将”。把握好“人”这一关，才是治理的核心。

历史曾无数次证明，王朝的兴亡往往是由几个关键性人物决定的。也就是说一个王朝的兴盛，关键是用对了几个人，而其衰败则是用错了几个人。企业的兴亡也是这样，要想让企业成功，关键是要找对人。

2014年5月20日，在中国第二届天使投资人大会上，一个心怀梦想的二次创业成功者，分享了他是如何用短短3年多的时间，就将企业市值做到

---

[1] 司马迁. 史记卷九十二・淮阴侯列传第三十二[M].

了百亿美元的过程。他就是小米创始人兼CEO雷军。会上，他坦言自己向阿里巴巴学习了创业成功的三个要点。第一，要一个巨大的市场。第二，要找一群超级靠谱的人。第三，相对同行而言，要有一笔永远也花不完的钱。

当今很多企业家都一直在强调互联网思维是他们成功的关键，雷军也曾在公开场合上大讲特讲“互联网思维”，但我认为，其中能让企业奏出凯歌的是那群超级靠谱的人——小米团队。而为了找到这样一群人，雷军可谓不惜一切代价。就光时间成本，他就和别的老板不一样。一般的老板都花大把的时间忙于与公司业绩直接相关的具体事务，例如，自己拓展业务、洽谈合同等。而雷军做的事则是花80%的时间用于招人。

招人一定要选准方向。创业前，雷军认定，未来的手机一定是软件、硬件、互联网的完美结合。假如能够把微软、谷歌、摩托罗拉这“铁人三项”合并的话，这个公司会相当的牛。假如能将这三个公司最顶尖的人集合起来办一个新的公司，这个公司的成功便指日可待。

所以，当初决定组建超强的团队，雷军将大部分时间用于招聘这方面的人才。后来，他幸运地找到了7个牛人合伙人：出自知名企业(如金山、微软、谷歌、摩托罗拉等)，技术背景深厚，平均年龄42岁，经验极其丰富。创业团队成员5人是海归，3人是本土人才，土洋结合，理念一致，大都管过超过几百人的团队，充满创业热情。正是这样一群人，为小米日后的成功奠定了扎实的基础。[1]

创业团队定下来了，员工的招聘也不容忽视。对雷军而言，如果一个同事不够优秀，很可能不但不能有效帮助整个团队，反而有可能影响到整个团队的工作效率。雷军在招聘前100名员工的时候，每名员工的招聘时间都在7小时以上。员工入职的时候，他都亲自面见并沟通。这样的

---

[1] 雷军. 小米管理扁平化——七个创始人外别人都没职位[J]. 中国企业家，2013.9.23.

话，雷军对员工的能力和素质了如指掌，还解决了员工在思想状态、企业文化方面的问题，让每位员工保持一致的思想和战斗力。[1]

事实最后证明，到小米来的人，都是真正干活的人，都是想做成一件事情的人，所以非常有热情。来到小米工作的人聪明过人、技术一流、有战斗力、有热情做一件事情，这样的员工做出来的产品注定是一流的。在小米团队的合力作用下，小米的成功也就成了必然。

智者劳心，强者劳力。所以，作为企业的顶级智囊，老板应该在公司发展前期将大部分的时间和心思放在招人上，让这群有能力的靠谱团队为企业出力，创造业绩。这一点是很多老板在创业初期所没能看透的。

袁崇焕的制胜法宝——以辽人复辽土，以辽土赏辽人

要干一番大事业，除了要选对人，还需要学会激励人。事实证明，人的潜力是无限的，正向激励的引导是激发潜力的引擎，能给企业带来意想不到的战斗力。

说到战斗力，就很容易想到军队。历史上，由明朝著名将领袁崇焕率领的关宁铁骑就是一支充满传奇色彩的军队。在明朝的正史记载中，关于它的记述少之又少，几乎是只字未提。只有《明史》和《绥寇纪略》中曾提到，所指的似乎也并不是这支铁骑，这就更让这支骑兵部队蒙上了神秘的色彩。在传说中，这是一支所向披靡、战斗力极

[1] 曾君蔚. 小米的人力资源管理之道：信任员工，花时间找对的人[N]. 佛山日报，2014.5.6（第T02版）.

强的部队，由袁崇焕亲自训练，虽人数不多，却是大明王朝最为精锐的骑兵部队。

有传闻它在组建之初便大挫清军，在天启六年（1626年），袁崇焕率领关宁铁骑，在宁远城以少敌多，打败了当时不可一世的“战神”努尔哈赤，成就了宁远大捷。此役之后，努尔哈赤因为深受打击，加上被炮火所伤，不久便愤懑而亡。在随后的战役中，关宁铁骑又再次重创金军，以五千轻骑战胜皇太极的八万精骑。当时是天启七年（1627年），也就是宁远大捷后仅仅一年，皇太极率大军围攻赵率教驻守的锦州长达14天。在这次战役中，袁崇焕再次带领关宁铁骑出奇制胜，大败皇太极。

传说中的关宁铁骑拥有天降神兵一般的作战能力，是一支令敌军闻风丧胆的传奇军队。

说到关宁铁骑的成功，我认为与袁崇焕的“以辽人复辽土，以辽土赏辽人”的激励机制有着莫大的关系。

袁崇焕虽是文人，但为人有胆略，喜与人谈论军事，他坚持“以辽人复辽土”，造就了一支坚不可摧的骑兵队。在这之前，辽东发生战事，都是依靠从全国各地征调部队增援。一则部队长途跋涉，体力必然损耗；二则这些士兵不熟悉辽东的地理环境，导致战斗力减弱；三则家不在此，对这块土地也没有深厚的情感，无法调动士兵的积极性去作战。袁崇焕觉得“南兵脆弱”，不适应骑兵作战，不适合临时抽调过来保卫辽东，收复失地。

于是，他选择了一种聪明的法子，从当地的辽民中征选身强体壮的人，这些人不但对辽东有深厚的感情，而且多善骑马，最适合训练为骑兵。这就是所谓的“辽人复辽土”——辽人不只是在为朝廷打仗，也是在保卫自己的家乡，所以打起仗来格外拼命，这也是后来关宁铁骑令金军闻风丧胆的原因之一。

而“以辽土赏辽人”，指的是袁崇焕给予这支骑兵的奖励也是非常丰厚的，不但正常发放军饷，还额外给他们分发东西。有些打胜仗后抢回来的武器，还有战利品，都会分发给将士们。

这样一来，“以辽人复辽土”所烘托出的情感激励使得军士们对打仗没有了排斥，“以辽土赏辽人”所回馈出的物质激励使得军士们愿意为了更好的生活而去拼命。再加上辽人天生的身体素质适合训练为骑兵，天赋如此又有外在激励，关宁铁骑自然所向披靡。

激励在团队中的作用不言而喻，行军打仗如此，公司治理亦是如此。文化的基础是利益，利益的升华是文化。在一个团队里，如果没有文化的强大凝聚力，必然无法长久，也没有明确的方向。就像关宁铁骑的文化，就是“以辽人复辽土”，乡土情感在这其中扮演了很重要的角色。同样的，没有利益上的激励，再好的文化、再深厚的情感也无法为继，正如关宁铁骑打仗勇猛，靠的不仅是保护家乡的信念，更有优渥的军饷和物质奖励作后盾。

“以辽人复辽土，以辽土赏辽人”，这12个字就是袁崇焕将军所率领的关宁铁骑的制胜法宝。运用到公司和团队的管理中，说的就是情感和物质上的双重激励。

“伯乐常有，而千里马不常有”

唐代大文学家韩愈曾经说过“千里马常有，而伯乐不常有”，但在当代社会，人才竞争日益激烈，已经渐渐演变成“伯乐常有，而千里马不常有”的情形。企业面临的现状是靠谱的人不会不请自来，来了的人才也不会无缘无故地给企业卖命。今时不同往日，当代社会应当如何吸引人才、留住人才呢?

随着社会市场经济迅速发展，莫说是人才，即便是普通劳动力也会逐利而徙，如何吸引人才成了困扰企业家的首要难题。我的理念是，企业吸引人才，并留住人才是可以通过逐步打造企业与员工的“利益共同体—事业共同体—命运共同体”关系完成的，而所需掌握的一个关键点就是“先触动利益再触动灵魂”。

战国时期，有一位君主在吸引人才时所做的努力值得我们思考和学习。这个君主就是燕昭王（简称昭王），他刚执政时燕国非常弱小。昭王“卑身厚币，以招贤者”，他非常期望燕国可以强大起来，于是就去请教燕国一个叫郭隗（音wě i）的谋士。郭隗向昭王讲了一个故事，从前有一个国君苦寻千里马三年而不得，派出去的内臣却以重金买回了千里马的头部尸骨，这个故事也就是后世所说的“千金买骨”。内臣的行为虽然一开始并不为人所理解，但效果却是立竿见影的，在不到一年的时间里就有人给这个国君送来了三匹千里马。其实，这个故事蕴含了两个关键因素，一个是财富，一个是诚意。“千金”向天下的人才展示了国君能给人才提供优厚的待遇，而“买骨”这个行为则是为了向全天下展示国君招揽人才的诚意。

郭隗告诉昭王，“今王诚欲致士，先从隗始；隗且见事，况贤于隗者乎？岂远千里哉？”意思就是让昭王从郭隗开始，表现出对人才的礼遇，这样一来，各地比郭隗有才能的人也会争相来到燕国。昭王从善如流，为郭隗造了一座黄金台，并把他当做老师一样来尊重。自那之后，“乐毅自魏往，邹衍自齐往，剧辛自赵往”，各地的人才都纷纷来到燕国，昭王强国的梦想也终于得以实现。[1]

---

[1] 司马迁. 史记・卷三十四・燕召公世家第四[M].

昭王为了吸引强国所需的人才，借“千金买骨”的魄力与诚意，为郭隗筑造了黄金台，并在台上放置“千金”，一方面让贤士们看到在昭王的心中，人才的地位比黄金还要高；另一方面，连郭隗这样的人在燕国都能受到如此礼遇，全国各地比郭隗出色的人才自然会蜂拥而至。

一者为钱，二者为诚意，这两者一个是物质上的，一个是精神上的，双管齐下，终于为昭王赢得了济济一堂的人才。

在现代社会，用不着买骨也用不着筑台，企业家只要利用一个一举多得的工具——股权，就可以解决吸引人才的问题。股权是一种稀缺资源，从这个角度上来说，企业家愿意把股权分给你，就是对你物质上的激励。另外，股权也是一种情义上的激励。股权不是随便给的，只有那些愿意和企业同呼吸共梦想的人才有资格获取。

昭王为人才所筑的黄金台，已经成为了历史上招贤纳士的标志，广为后人称颂。唐代诗人李贺就写过“报君黄金台上意，提携玉龙为君死”的诗句。一个企业家，能够拿出自己宝贵的股权来进行激励，就能既触动人才的利益，又触动员工的灵魂，进而实现吸引人才、留住人才的目的。

股权是核能，释放需管控

股权的能量是巨大的。如果说给员工发个红包就相当于常规炸弹，那给员工股权就相当于是原子弹，两者所产生的影响是无法相提并论的。股权是一种核能，如果你能控制得好，它就是一座核电站，能够源源不断地为企业提供能量。但如果控制不好，它就是原子弹，一旦爆炸，一切也就随之灰飞烟灭了。这也就是为什么大家常说“股权激励是把双刃剑”的原因了。

之所以说它是核能，而不是什么一般的能量，主要是源于股权的重要性和吸引力。企业家务必要明白，股权是一种宝贵的稀缺品，是最昂贵的激励——只要企业仍处于上升期，股权的价值就会一直膨胀下去。也正因为如此，相比于一般的激励方式，比如涨工资、发奖金之类的，股权对于员工的吸引力就大得多了。

原子弹与核电站的区别在于是否在受控状态下稳步释放核能。

按照正确的方式“释放”股权，可以利用它最大程度地凝聚人心，发挥一切力量做强做大企业。不得不说，有很多大企业的发展都借了股权激励的“东风”。房地产巨头万科在实行股权激励计划之后，其增长速度超过了前20年的平均水平。从2005年开始，万科的业绩和二级市场上的表现，都让人惊叹。万科史无前例的高速增长，和其当时正在实施的股权激励方案有着紧密的联系。2007年，万科的业绩增长达到了阶段性的顶峰，而这一年也正好是它首期股权激励业绩考核（2006—2008年）的最后一年。[1]

按照错误的方式释放股权，就会引发巨大的灾难，轻则企业发展受阻，重则创始人被扫地出门。大型乳业集团蒙牛的创始人牛根生，创造了中国乳业的神话，曾经被誉为“全球捐股第一人”。在2005—2006年间，他曾经捐出自己与家人的所有股份（约占蒙牛股份的10%）设立了“老牛专项基金”，用来支持“三农”事业、教育事业、医疗事业。在蒙牛的数年间，牛根生不断地践行着“财聚人散，财散人聚”的人生哲

[1] 薛中行. 股权激励计划刺激万科业绩与股价腾飞. 新浪博客， http://blog.sina.com.cn/s/blog_ada0707d0101j2oy.html，2013.10.21.

学。可是，最后的结局却出乎意料。

2008年，受到三聚氰胺事件的影响，中国的乳制品行业都遭到了打击。作为中国乳业的龙头企业，蒙牛也未能幸免于难。蒙牛乳业（02319.HK）曾一度从每股20港元急剧下跌至每股6.65港元[1]，市值从300多亿港元缩水至120多亿港元[2]，随时面临资本市场上恶意收购的危险。此时蒙牛的股权结构中，牛根生、金牛、银牛及所有一致行动人士合共持有总股本的28%。即是说，蒙牛72%的股票由公众持有。从其股权结构上也可以看出，如遇有人意图收购，则较易成为被收购的目标。[3]

最终，在2009年7月6日，中粮集团联手厚朴基金以61亿港元收购蒙牛20%股份[4]，原本的“股散人聚”最终却变成了“股散人散”。2011年，牛根生本人也于6月10日正式辞去蒙牛集团董事会主席一职，仅保留非执行董事的职务。[5]

散股的时候，如果没有注意策略和方法，短时间内，面对送到眼前的财富，员工自然非常感激。但这个效果无法持续，所谓一年激动、两年平淡、三年疲软，小股东的持久性没办法保证，一旦公司上市了，股价上涨，小股东就可能会大量抛售股票，换取短期的利益。这时，难保趁势而入的外部投资人不会找准机会，最终取而代之。

---

[1] 刘冬. 蒙牛十年：不完美的奇迹[M]. 北京：企业管理出版社，2010.

[2] 叶文添，张岩铭. 蒙牛陷入外资收购危局，牛根生声泪俱下求援[N]. 中国经营报，2008.11.2.

[3] 李彤. 猜想：蒙牛的三种可能结局. 中国乳品导购网，2009.2.9.

[4] 中粮联手厚朴61亿港元认购蒙牛20%股份. 新浪财经，http://finance.sina.com.cn/chanjing/gsnews/20090706/20026446386.shtml，2009.7.6.

[5] 程桔华. 牛根生：退出蒙牛误入歧途[J]. 中关村，2011（08）.

如何处理股权是一项需要哲学思维的活动，根据多年的经验，我总结出了十二字真言——“看破还需看重，看重也需看破”。看重股权是看重公司的控制权，如此才能够保证企业家在企业内部的决策权；而看破股权说的是要看破收益权，舍得分钱，要懂得处理好控制权和收益权的关系。正所谓：看破才能舍得，看重才能收得。

附：交易后蒙牛公司股权结构表[1]

股　东	截至公告之日(7月6日)		紧接股份认购完成后		紧接股份认购及售股交易完成后	
	持有股数	股权百分比(%)	持有股数	股权百分比(%)	持有股数	股权百分比(%)
银　牛	132,607,821	8.49	132,607,821	7.64	100,412,466	5.78
金　牛	123,892,145	7.93	123,892,145	7.14	36,571,292	2.11
老　牛	54,283,792	3.48	54,283,792	3.13	0	0
牛根生	68,781,022	4.40	68,781,022	3.96	68,781,022	3.96
牛根生一致行动人	57,768,613	3.70	57,768,613	3.33	57,768,613	3.33
中粮和厚朴	0	0	173,800,000	10.01	347,600,000	20.03
其他公众	1,124,526,029	72.00	1,124,526,029	64.79	1,124,526,029	64.79
合计	1,561,859,422	100	1,735,659,422	100	1,735,659,422	100

[1] 交易后蒙牛公司股权结构(表). 和讯网，http://news. hexun. com/2009-07-06/119367415. html，2009. 7. 6.

以终为始，前瞻设计

万丈高楼平地起，盖楼是从下而上进行的，需要打多深的地基，要用到多少混凝土，都要从一开始就准备好。做企业也是一样，在进行顶层设计的时候，应该具有前瞻性，遵循“以终为始”的理念。

尽管从前有很多企业都是摸着石头过河，但这其中，得以留存的毕竟是少数，“命丧河中”的才是多数。一家企业甫一开始，就应该明确自己想要成为什么样的企业。千里之行，始于足下，迈出的第一步是很重要的。

作为一个企业家，必须要明确的一点是，自己的梦想是什么？是带领企业走向上市，还是保持家族控股做百年老店，抑或是偏居一隅只做地方龙头？有什么样的梦想导向，就应该有与之配套的顶层设计来支撑发展。顶层设计如何做，和企业的目标有关，这就是所谓的“以终为始”。

如果不做顶层设计，等企业的步子迈大了之后，就可能会带来很多问题。举个例子来说，国内一些城市中常见的“拉链式马路”，就是一种顶层设计没有做好的表现。许多城市在一开始做城市建设时，其道路的规划、设计与地下管线并不能很好地配套同步。导致城市的马路处于一种不断开挖、“长期施工”的状态，给市民生活带来了很大的不便，也造成了资源的浪费。这个道理，在企业发展中也是一样。如果没有具有前瞻性的顶层设计，其后期的稳定长足发展就难以得到保障。

企业的顶层设计包括两个方面，一是业务战略的顶层设计，公司未来的主营业务是什么，战略发展方向是什么；二是股权的顶层设计，需要考虑控制权的问题、如何进行公司架构设计、股权布局，既要结合股权激励的实际需求，又要考虑到公司发展过程中引进投资人等情况。

对于业务战略方面的顶层设计，企业家们往往会更加关注，但对股权的敏感度则不够高。许多企业家习惯于“走一步看一步”，认为股权的问题可以容后再议，先把企业做起来再说。殊不知，股权的问题，由不得你边走边想。“股权无小事”，在公司还小的时候，股权的价值没那么大，这个时候关心的人不多比较正常；而当企业发展起来之后，即便是1%的股份也会有成百万甚至上千万的价值，利益当前自然会吸引很多人来关注，甚至会有心怀不轨的人争抢股份。如果企业家没有做好股权的顶层设计，控制权不保也是很有可能的事。

“车到山前必有路，船到桥头自然直”是长期潜藏在中国人大脑中的一种传统思维模式。这是一种缺乏前瞻性、规划性，重点放在部分而不是全局的思维模式。而正是这样的思维模式，阻碍了我国企业向现代化企业发展。企业的发展不能摸着石头过河，需要有系统性、前瞻性，要进行一个科学的设计，这才是当代企业家应有的思维模式。

“以终为始”说得明确一点就是，要对企业的发展做出系统性的构图，然后按照以终为始的原则进行倒推，配置资源。例如，如果公司未来的目标是成为一家上市公司，那么股权稀释的量就应很大；如果没有上市的打算，股权稀释的量就很小。总的来说，设计的方案要符合系统化的理念。

盖多高的楼，就要打多深的地基。想要发展成为怎样的公司，就要有配套的顶层设计来支撑。万丈高楼平地起，楼高几何需设计——只有从一开始就对企业的发展规划有很好的构想，做好顶层设计，建好股权结构，企业的发展才能长长久久。

第一章◉散财有道，控制为本

古训云：“水能载舟，亦能覆舟”，而财富恰恰如水，治理企业也如同治水一样，是一门平衡载舟与覆舟的艺术。在治理财富之水方面，企业家要舍得散财，有方法地散财，才能载舟前行。同时，企业家需要以把握控制权为前提，才不至于遭遇“覆舟”之灾。

控制权，释放股权核能的关键

股权是企业最稀缺、最有价值的资源，也是一种“不可逆”的资源，因为股权充其量也就100%，可以分给员工的股权也就10%。绪论中我说到股权是一种核能，在分股权的时候需要特别谨慎。所以，在定量之前一定要有一个“以终为始”的理念，既要让股权分完之后能够达到预期的激励效果，又要让企业家在股权分完之后不丧失对企业的控制权。这是因为只有在掌握控制权的前提下去分股份，企业家才能在开启股权核能的阀门时不至于伤及自身。

现实中，很多公司因股权纠纷而酿成了悲剧，一些企业创始人最终丧失了控制权，公司沦为别人的“囊中物”。即便是非常有能力的企业家，如果无法把握公司的控制权，也很有可能让公司变成“豺狼口中的肉”。

企业家在分股权之前，必须要先确保自己能够掌握控制权，否则就没有丝毫意义，甚至可能“为他人作嫁衣”，导致公司易主的情况发生。

有一点需要明确的是，在股份当中，财富是可以分享的，但是控制权却不能分享。为什么有的人只分了一次股份，最终却落得个黯然离场，而有的人经历了十几次融资，却仍然是公司的“绝对一把手”？这其中的区别就在于后者深谙分股的智慧，他们只分股不分权。

简而言之，掌握控制权就意味着企业家可以决胜于创始者和投资者、所有者和经营者之间的博弈。

就员工而言，要分给最能干、最熟悉的人，还要用巧妙的方法去分，要让拿到股份的员工都能长久地心怀感激，持续地“燃烧自己”。

就外部投资人而言，要让他们做个“富有的哑巴”，即企业的话语权仍然在企业家手里，但是投资人的核心经济利益也一点不少。

所以，在企业的融资过程中，企业家应该以掌握好控制权为前提，缓慢有序地释放股权，以企业发展的终极目标为原点来制定股权的分配方式。

同股不同权：保住控制权的另类选择

默多克离婚案、国美黄陈之争、真功夫家族内斗，都与企业控制权有着千丝万缕的关系。毋庸置疑，如果一个企业家丧失了对公司的控制权，这个企业就很难做大。失控总是会带来惶恐，而要想牢牢把握企业的控制权，企业家们就务必在股权的顶层设计上多费些心思，因为股权背后隐藏着代表控制权的投票权和表决权。

话说马云曾酝酿让阿里巴巴集团赴港上市，却频频受阻，到最后，港交所与阿里巴巴集团闹掰了，不得不选择分手，问题究竟出在哪？从整个事件中我们可以看到，马云为了保证创始人和管理层充分掌握控制权，提出了一个非常新颖的合伙人制度。大意是由一批被称作“合伙人”的人来提名董事会中的大多数董事人选，而不是按照持有股份比例分配董事提名权。[1]

而港交所为了贯彻法制精神和维护程序公义，固执地坚守着“同股同权”的底线。简单来讲，同股同权就是一股一权的意思。在价值观上，港交所的“同股同权”和阿里巴巴的“合伙人制度”似乎水火不容。而港交所也无意作出退让，事情也就进展到“闹分手”的地步了。

马云无奈只能带着阿里巴巴集团转向资本市场非常成熟的美国。

---

[1] 赵楠，刘琼. 合伙人的阿里？小股东马云的平衡术[N]. 第一财经日报，2013.9.11.

由于有着非常严苛的监管制度，美国广泛接纳着一种叫做双重股权结构（即AB股结构）的制度。美股中，采用AB股结构的知名互联网公司就包括Google、Apple、百度等。

拿百度做例子，其创始人李彦宏共持有百度558万份普通股，其中A类股9万股，享有0.09%的投票权，B类股549万股，投票权为52.22%。借助这样的模式，李彦宏和其妻子马东敏共持有百度20.78%的股份，但投票权高达68.17%。[1]

百度股权结构图							
百度总股本	3491.41						
百度总投票权	10514.11						
	数 量	投票权	投票权占比				
百度A类股	2711.11	2711.11	25.79%				
百度B类股	780.3	7803	74.21%				
合计	3491.41	10514.11	100.00%				
	总股数	持股比例	A类股	A类股投票权	B类股	B类股投票权	投票权
李彦宏	558	15.98%	9	0.09%	549	5490	52.22%
马东敏	167.7	4.8%	0	0	167.7	1677	15.95%

注：表中股数单位为万股，均为普通股，百度1普通股=10份ADS；数据来源于百度2011年年报。

本质而言，AB股结构是“同股不同权”制度的典型代表，蕴含着

[1] 宋玮，刘琦琳. 谁在阻碍阿里上市：市场难以青睐一家谁都看不懂的公司[J]. 财经，2013（29）.

一股多权的概念。这种股权二元制度可以让企业创始人在融资稀释股权的同时，以较少的持股比例获取较多的投票权，从而把握住企业控制权。

想着美国是一个崇尚“自由”的国家，能接纳“同股不同权”的AB股结构，马云便将合伙人制度，“同股不同权”的另一种表现形式，抛向美股，最终获得了美国资本市场的认可，阿里巴巴集团也于美国时间2014年9月19日在纽交所上市。

平心而论，同股同权和同股不同权的区别在于股东权利的公平性能否得到保证。同股同权，其潜台词是“资本为王”，要的是公平，以保护投资者和股东的利益。由于中国目前资本市场尚处于发展完善的过程中，国内《中华人民共和国公司法》要求股权一元制即“同股同权”，在当下也是一种可以理解的稳妥做法。

而同股不同权迫使市场参与者无条件地接受不平等的投票权。这就不难看出采用“同股不同权”制度的主要是处于卖方市场的企业，尤其是高科技企业巨头，比如Facebook、Groupon、Zynga、Linkedin等社交媒体和互联网企业。

互联网企业从事的是烧钱的行当，早期数次的融资必然导致股权的稀释。可是自己创立的公司，控制权却要拱手相让，这是谁都不愿看到的结果。不管是双层股权结构还是合伙人制度，都是在利用“同股不同权”的制度设计来巧妙地帮助企业创始人牢牢攥住企业的控制权。

Facebook的双层股权结构

有的人，融一次资，就把控制权丢了。有的人，融资多次，却依然手握控制权，笑傲江湖。这笑傲江湖的人中，Facebook的创始人兼CEO马克·扎克伯格便是其中一个。

相信有很多人都看过一部名为《社交网络》的好莱坞电影，电影讲述的就是互联网企业Facebook的创业史——扎克伯格在不断的融资过程中，通过良好的前瞻性制度设计，将企业的控制权牢牢地握在了自己的手中。

扎克伯格之所以能历经10次融资，仍然站在权力中心，靠的是他的联合创始人肖恩·帕克在融资路上的全程保驾护航。帕克在Facebook融资的过程中，设计了一系列的保护条款来保证CEO的控制权。有趣的是，在这之前，帕克自己曾有过多次因为没有掌握控制权而被踢出公司的经历，这些惨痛的“教训”使得他对控制权非常敏感。

为了保证扎克伯格的控制权，帕克在借鉴其他互联网公司股权结构设计的基础上进行了改进，设计了Facebook的双层股权结构：将公司所有股份分为两类，A类股和B类股。这两类股票在分红利息等方面都是一致的，只有所对应的投票权不一样。其中，一股B类股对应十份投票权，一股A类股对应一份投票权。同时，Facebook在IPO时所发行的股票都是A类股，这就意味着公众投资者没办法拿到具有额外表决权的B类股，也保证了扎克伯格和公司高层团队的控制权。

除此之外，帕克还在其双层股权结构中加入了表决权代理协议。根据其招股书中披露的内容，参与前十轮投资的所有机构和个人投资者，都需要签订这份协议。协议内容指出，在某些特定的需要股东投票的场合，这些机构和个人将会授权扎克伯格代表股东所持股份进行表决（且协议在IPO完成后仍有效）。如此一来，扎克伯格除了拥有个人的28.4%的B类股，还要加上这30.5%的代理投票权，总共就获得了58.9%的投票权，由此实现了对Facebook的绝对控制权。[1]

扎克伯格运用精心设计的双层股权结构2.0版，以28.4%的股权[2]掌握了Facebook的绝对控制权，既实现了上市融资，又保证了自己日后对公司的控制权。事实证明，股权的核心在于控制权，先有了控制权，才能很好地释放股权核能。换句话说，要想股权的核能受控，就要将控制权的开关紧紧握在自己的手中。

企业控制权归我，其他好说

抢滩资本市场，获取时间上的先发优势，无疑会给竞争对手带来巨大的影响和压力。2014年，中国电商企业迎来上市年。两大电商巨头阿里巴巴集团和京东拉开了上市PK战。然而，上市之前，曾摆在阿里巴巴集团董事长马云面前的问题是，公司发展期间，大量融资导致股权稀释，企业控制权恐将旁落他家。为了保住控制权，马云无奈提出合伙人制度。而京东CEO刘强东却避免了马云式无奈，在电商亟需疯狂烧钱而获取大量融资的时候，把持住了企业控制权的底线。

回顾刘强东的创业历程，可以看到，在经历了两次创业后，他深深地懂得了管理的重要性，并在2013年京东开放大会上袒露心声，创立一家公司并让它合法地成功，是他真正的梦想。为了保证京东的成功，他

[1] 吴建国，黄俊铭，毕曙明. 扎克伯格如何掌握控制权[J]. 经理人，2012（09）.

[2] 根据Facebook招股书中所披露，截至2011年12月31日，Facebook上市前共发行了1.17亿股A类股和17.59亿B类股（包括此前所有已发行优先股转换的B类股，这部分B类股占5.46亿股）。其中，公司创始人、董事长兼首席执行官马克・扎克伯格持有5.34亿B类股，占B类总数的28.4%。

不会让别人控制京东。

之所以刘强东会如此强调控制权，是因为他看到了国美黄光裕失去控制权的下场。在为京东寻找融资机构的时候，他向投资人明确“你的股份可以超过我，我可以失去控股权，但是控制权绝不能丢。行就谈，不行就散”。另外，刘强东本身非常自信，控制欲非常强。这点可以从他“和大多数人讨论意见，和少数人商量，最后自己拿主意”的工作方式看出。他的自信、果敢和坚持让他坚守住了自己的融资底线。

那么，刘强东是凭借什么让投资人乖乖地接受他放出的“大招”，在股权稀释的情况下将控制权收入囊中？可以说，刘强东是一个不太擅长向投资人兜售梦想的人，更多的是个务实派。投资人喜欢他是因为他大局观好，执行力很强，既讲原则又灵活多变。另外，京东自创立以来的营收数据涨势喜人，极具说服力。从2004年的1000万元，到2006年的8000万元，再到2009年的40亿元，这样傲人的增长数据是刘强东融资时可以拿出手的王牌。

接下来再看看刘强东都放出过哪些“大招”。第一个“大招”是优先股。优先股是相对于普通股来说的一个概念，权利优先于普通股。而且，通常情况下，它不具有投票权，优先股股东对公司的经营也没有参与权。2007年到2010年间，京东先后发行了三轮“可转可赎回优先股”，共募得1.69亿美元的资金。“可转可赎回优先股”这种融资工具发出去的是债券，付不付利息，什么条件下可以转股，每个时期可以转多少需要双方事前约定。

发行可转可赎回优先股的融资方式虽然让刘强东占据了主动权，也保住了控制权，但融资力度极为有限。另外，这种方式可能导致公司资产负债率畸高。如果公司因此破产，拥有控制权又有什么用。于是，京东2011年开始发售普通股融资，并向投资人放出了第二个“大招”——排他性投票权委托。

在2011年4月到2014年4月期间，刘强东进行了大规模的股权融资，并要求投资人排他性地将投票权授予他的两家BVI公司（一家是Max Smart，一家是Fortune Rising）。通过这种方式，刘强东掌控了13.74亿股投票权，京东上市前总股本为24.58亿股，他占到了55.9%。通常而言，股东若持股超过50%就具备绝对控制权。因此，刘强东以微弱的优势保住了控制权。

当然，也有投资人没有那么听话，心甘情愿地将投票权交出，这其中主要包括老虎基金、高瓴资本、今日资本。根据京东的招股书，上市后，京东的总股本将达到27.6亿股，刘强东手上的股票为5.65亿股，股票占比为20.5%。为解决这个问题，刘强东直接照搬谷歌、百度上市时使用的双层股权结构，即AB股。这是刘强东放出的第三个“大招”，并为西方资本市场所认可。上市后，刘强东5.65亿股都转成具有20倍投票权的B类普通股，其投票权占到了83.7%。显然，企业控制权依然没有逃出他的掌心。[1]

总而言之，刘强东坚持“企业控制权归我，其他好说”的原则，并充分利用了资本市场的现成玩法，令投资人更容易接受，即使多次融资，其对企业的控制权一直未受到丝毫地撼动。

合并表决权一发威，乾坤顺势大挪移

在控制权这个话题里，有一个非常有价值的概念就是合并表决权。

---

[1] Eastland. 刘强东：三招保住控制权. 虎嗅网，http://www.huxiu.com/article/33662/1.html，2014.5.14.

要解释这个概念，可以从大家熟知的1993年北京申奥失败说起。

当年，北京仅以2票之差输给了悉尼。经过分析，北京申奥失败的原因并非悉尼太厉害，而是放弃投票给北京的力量太强大。奥运申办投票之夜，第一轮投票，北京35票，悉尼才十多票。如果单打独斗，北京比悉尼强多了，为什么还败给了悉尼呢？这是因为每一轮投票过后都有城市落选，原本支持该落选城市的投票者，就把票转投到悉尼的头上。第一轮伊斯坦布尔输了，它的支持者就把票投给了悉尼；接下来柏林输了，它的支持者也把票投给了悉尼，最后悉尼获得的票数几乎是几路落败城市的支持者所投票数之和，而北京的票数后面几轮都没怎么涨过，最后以43比45输给了悉尼。

从上述事例可以看出，合并表决权，本质而言，是一个工具。如果为己所用，它将开辟出反败为胜的局面。但如果为竞争对手所用，它将祸害不浅。对此，参与申奥的几位中国代表深有感触，想必中式快餐连锁企业真功夫原总裁蔡达标也会有同样的切肤之痛吧。

在餐饮行业，一提到“真功夫”，很多人都对这一中国直营店数最多、规模最大的中式快餐连锁企业肃然起敬。然而在资本市场，“真功夫”和“蔡达标”这两个名词，却成了许多业内人士茶余饭后的谈资。

真正将蔡达标送进监狱的，是他未能妥善处理好婚姻、股权与企业治理而引发的经济犯罪。真功夫上市前风云变化的过程表现为婚变与“二奶门”的合力引发了股权结构的质变，合并表决权发威，控股权转手到了蔡达标妻子所在的潘氏家族。同时，蔡达标为取得真功夫的控制权而在去家族化过程中犯下职务侵占罪、挪用资金罪。结果，真功夫上市被搁浅，蔡达标也面临着一个家庭反目、事业落败的双输局面。[1]

---

[1] 网易专题：真功夫内乱. http://money.163.com/special/zgfneidou/，2011.4.

随着真功夫案件二审落下帷幕，主犯蔡达标的判决仍维持原判。因被认定构成职务侵占罪、挪用资金罪两罪，蔡达标被判刑14年，并处没收财产100万元。[1]

追溯真功夫的发展历程，可以发现这个家族民营企业的初始只是一个小作坊（168蒸品店），双创始人蔡达标和潘宇海（姐夫与小舅子的姻亲关系）各显神通，将小作坊做得风生水起。在技术化、规模化的推动下，这个小作坊逐渐发展成了一家全国闻名的中式快餐连锁企业。出于公平且毫无私心的初衷，企业采用了等股份双创始人模式。

这种等股份双创始人的模式一直延续到蔡达标被捕前。家族企业时期，蔡潘二人各占50%的股权。引入风投后，蔡潘二人各占41.74%，东莞市双种子饮食有限公司占10.52%，风投各占3%。然而，双创始人这样绝对平衡的股权布局常常被认为是最差的股权结构顶层设计。

回顾蔡达标事件，其导火索是“二奶门”。大度的前妻潘敏峰在婚变初始时将原本属于她的一半股权让渡给了蔡达标，因而当时婚变也并未让股权结构发生质的变化。但“二奶门”可谓一石激起千层浪，潘敏峰随即通过法律途径，追索回之前让渡出的25%的股权，并联手其弟，在合并表决权的作用下，使潘氏家族的持股比例明显大于蔡达标，从而完全控股了真功夫。[2]

不得不说，蔡达标事件是一个内涵极其丰富的案例，最值得警醒的是其中婚姻与股权的问题。在“二奶门”促使前妻追回让渡股份的情形下，合并表决权让整个事件发生了乾坤大挪移式的戏剧性变化，令蔡达

---

[1] 郭海燕. 真功夫刑案二审宣判蔡达标维持原判获刑14年[N]. 金羊网-新快报，2014.6.7.

[2] 网易专题：真功夫内乱. http://money.163.com/special/zgfneidou/，2011.4.

标痛失真功夫的控制权。

公司章程：企业中的“宪法”

俗话说“国有国法，家有家规”，任何一个组织都需要有维系其稳定发展的法则。正所谓“无规矩不成方圆”，这规矩对国家而言是法律，对家族而言是家规，对企业来说就是公司章程。

公司章程具有公司“宪法”的地位，是企业里除《中华人民共和国公司法》以外最重要的公司、股东、董事、监事、经理行为规范指南。公司章程的宪章性意味着公司的其他文件均不得与公司章程相违背。而要制定出一套完善的公司章程就需要多费些心思，多找些借鉴，以免在重大事项上出现纰漏，引发公司利益相关者间的种种纠纷。

纵观历史，我们发现《美利坚合众国宪法》虽历经两百多年，却仅仅进行过几次修订，而且其主要内容几乎没有变更过，原因在于在美国人民心中，这部宪法是重要的，也是神圣的。正是这部宪法让这个稚嫩的国家在草莽中崛起，迅速成为称霸世界的超级大国。而“宪法至上”的基本原则奠定了美国宪法神圣不可侵犯的地位。

因此，要想让公司章程能像《美利坚合众国宪法》那样发挥出巨大的作用，企业创始人就必须既要懂得公司章程的重要性，又要维护其神圣性。然而，目前的一个普遍现象是很多老板都不重视公司章程，甚至只是将其当成一份走过场的文件，却从未料想到，公司发展壮大后，利益的剧烈冲突极易成为纠纷的导火索。没有公司章程保护的一方，最后只能诉诸法律了。下面这个案例就足以说明这点。

A和B欲合办一家IT公司，业务为极具市场潜力的汽车导航系统。公司为了扩大市场，急需一笔投资。稍有些闲钱的C经朋友介绍，认识了A和B，并非常看好这个公司，便将自有资金35万元和借贷资金15万元，共计50万元入股该公司，持股比例为50%，A和B以技术和各类资源等折价占50%的股份。

合作第一年，企业就获得30万元的税后利润。A和B决定乘胜追击，继续增资扩产。C却因借贷问题，想获取15万元的分红后，不再继续投资。于是C就与A和B多次协商，但始终无法达成一致。C想到了退股，可是没想到的是，公司章程有明文规定，公司存续期间，任何一方都不得退股，如要转股，需要征求全体股东一致同意。公司章程的这一规定，使得C处于极为被动的状态。一方面C的借贷即将到期，另一方面A和B想继续扩大公司规模，不同意C退股或转股。经过一番虐心的考虑后，C只能选择付诸公堂了。

另外，企业家们维护公司章程的神圣性，意味着不得肆意侵犯和随意更改公司章程。随着企业的不断发展，外部竞争环境的变化，公司的一些规定可能需要进行一定的调整，但是公司章程中一些最基本的条款除非迫不得已最好不要进行修改，基本原则的变更意味着对企业过去的否定，一旦过去被否定，那么，现在和未来也会受到质疑。公司章程的神圣性一旦失去，就很难挽回，这对公司的发展往往是致命的。

随意变动公司章程的弊端在黄光裕与陈晓的“国美控制权争夺战”中体现无遗。国美运作上市之后，黄光裕为了一己私利，即便于自己更快地套现，不断地修改公司章程，特别是2006年进行的一次修改，使得公司董事会完全凌驾于股东会之上：一个公司的董事会可以随时任命董事，而不必受制于股东大会设置的董事人数限制；董事会能以各种方式增发、回购股份，包括供股、发行可转债、实施对管理层的股权激励，以及回购已发股份。这样的章程造就了一个全球史无前例的、权力最大的董事会。而陈晓在执掌国美之后，正是利用黄光裕当年的这些“政治遗产”，引入了贝恩，并强行任命了被黄光裕否决的贝恩的三名董事，通过了对管理层的股权激励方案。陈晓是用黄光裕的枪，对准了黄光裕[1]。这里面颇有一番“作茧自缚”的意味，也让大家对维护公司章程的神圣性有所警醒。

所以，企业创始人需要牢记的是，重视公司章程，维护其神圣性，才能为企业的长远发展撑起“制度的保护伞”，才能有备无患。

[1] 马光远. 国美争夺：黄光裕自己打败了自己[J]. 中国新闻周刊，2010（37）.

第二章◉和而不同，可相与谋

孔子云：“君子和而不同，小人同而不和。”忆当年，私交甚好的王安石与司马光在北宋政坛上互为劲敌，轮流担任宰相一职。在同一君主的质问下，两人表现出惊人的一致，大为赞赏对方的人品与才华。自宋神宗一句“卿等君子也”后，一段关于“君子和而不同”的佳话就此流传。如果说，道不同，不相与谋。那么，和而不同，就可相与谋了。

合伙人比什么都重要

2014年9月10日，李克强总理在2014年夏季达沃斯论坛开幕式上就曾发言表示，要“借改革创新的东风，在 960 万平方千米土地上掀起一个大众创业、草根创业的新浪潮”。创业新浪潮的来临，创业环境的急剧改变，意味着创业者们要重新认识和思考创业这件事了。

一直以来，创业者们在创业前都会绞尽脑汁地想一件事，“什么才是我创业的商业模式”。似乎商业模式对了，一切就算“万事俱备，只欠东风”了。但对路的商业模式一定是创业走向成功的前提性要素吗?

互联网时代的到来，催生了不少创业英雄。带领小米一度挺进智能手机世界第三的雷军就是当下非常耀眼的创业新星。据小米第八位联合创始人王川回忆，刚开始创业时，雷军也和一般创业者有着同样甚至更深的恐惧，甚至面对“小公司，刚开始创业，即使你雷军有名气，也需要明确小米到底要怎么赚钱”的质疑时，给出了一个相当不靠谱的答案。

雷军的回答是属于那种“不讲道理”型的。他会问对方一个问题：“我有钱还是你有钱？如果是我有钱，是不是我比你更知道怎么赚钱?所以你别操心，听我的就好了。”从小米现如今的成功来看，对初创企业来说，商业模式并没有那么重要。

认同这一观点的还有新东方创始人之一、真格基金合伙人徐小平。在2014 Tech Crunch国际创新峰会（北京站）上，徐小平发表了以“初创企业合伙人的重要性”为主题的演讲。他认为，“合伙人的重要性超过了商业模式和行业选择，比你是否处于风口上更重要”。创业之路是艰难的，是苦涩的，山上有老虎，一定要结伴而行，才能一路披荆斩棘、过关斩将，才能一步步靠近梦想，甚至百分之百地实现梦想。

徐小平在回过头看真格基金投资失败的众企业时，发现这样一个共同的特点：“企业创始人里只有一个老大，没有老二、老三。”这也就意味着这些失败的创业企业都因没有选择合伙创业而惨遭“滑铁卢”。

演讲时，徐小平还举了很多事例，如新东方的“美国ETS风波”[1]、聚美优品的“301大促战”[2]，来阐述什么是真正意义上的合伙人。

在徐小平看来，如果创始人拥有公司100%的股权或仅分出极少量如1%左右的股权，就意味着与其合作的人，只是打工者而非合伙人。而真正意义上的合伙人指的是“你在股权上跟他分享，在荣誉上跟他分享。这样，在创业的长征路上，他自然也会做到不离不弃，一路陪你走过去”。某种程度来讲，只有合伙人，才有这种意愿，才有这个资格，才有这种能力，成为你的心灵伴侣，在你失败的时候，跟你一起反败为胜。

近年来，大家越来越有这样一种共识，在创业领域，合伙比单干的

---

[1] 徐小平在演讲中详述了“美国ETS风波”：2001年4月，美国ETS向新东方发起了总攻，并在《华盛顿邮报》上说他们的目的就是要关闭新东方。《环球时报》头版头条也登了对新东方很不利的文章。好几个与新东方谈合作的公司，就在这个时候说：“对不起，等到你们的灾难过了，我们再来。”于是新东方几位创始人就走到了一起，商量对策，一起击退了美国ETS对新东方的猖狂进攻。

[2] 中国经济网在《聚美优品301大促，质疑声中的奇迹》中报道了聚美优品的“301大促战”：2013年3月1日，聚美优品在三周年庆期间，与1000余家品牌官方授权旗舰店携手发起声势浩大的“301开门大促”。大促当天，聚美的服务器不堪重负，几乎导致瘫痪。聚美不得不采取限流措施，据聚美技术部门提供的数据，不仅3月1日当日流量居高不下，包括3月2日、3日的聚美流量依然可观，高达1500万人次。远远超出了聚美优品在大促前的预期。同时，由于自身原因导致的被迫延长活动，也无形中增加了聚美的各方面运营成本，以及相应产品利润的让渡。包括陈欧在内的全体聚美人近一周每天平均工作超过18个小时。

成功率高很多。就拿互联网三大巨头BAT来说，创业时百度有七剑客，阿里巴巴有十八罗汉，腾讯有四大金刚，他们所缔造的创业神话至今为人敬仰，也证明了靠谱的联合创始人是创业成功的重要因素。

那么，什么样的联合创始人算是靠谱的呢？我认为，合伙人必须有“和而不同”的特质。因为对于每一个创业者来说，创业是一种高危的选择。然而，“和而不同”的联合创始人往往能彼此欣赏，却不将利益牵扯到两人的关系里，在价值观上保持着一种“和”，而在能力、观点上保持着一种“不同”，从而创造出意想不到的企业价值。

然而，联合创始人中途退出创业企业的案例也不在少数，与其去说该类联合创始人如何不忠诚、如何不道德，不如说你的企业机制不完善。要保持联合创始人的这种“和而不同”的特质，继续为创业企业效力，用分配股权的方式最为玄妙而有效了。这种股权共有、梦想共有的合伙人机制替代简单的雇佣制后，企业将能实现爆发式发展。

中国式合伙

常听人说，一个中国人是条龙，三个中国人是条虫。这种说法虽然包含了戏谑的成分，但其中关于“中国式合伙”的描述还是有一定说服力的。

有人说，中国人只有团伙，没有团队。意思就是说，即便你把几个中国人聚在一起，他们也成不了一条心的团队。

从众所周知的体育比赛来说，中国在奥运盛会上最有优势的项目从来都是单打项目，不论是体操、羽毛球还是乒乓球，都是单打拿金牌的概率最大。而那些需要团队合作的项目，比如足球、篮球之类的，却常常连前八名都难进。在团体项目中，男女团的表现差异也十分大，中国的女子团体往往比男子团体表现得更出色，比如三大球（足球、篮球、排球）项目，女子团体甚至拿过冠军，而男子团体却常常败于同属东亚的韩国和日本。

在中国有个奇怪的现象，要是一个中国人去做一件事，可能会做得不错，但让他和能力差不多的其他人搭档，结果可能不但没有提升效率，反而事倍功半了。比如，一个男子国足球员球技可能不错，但11个男子国足球员聚在一起就凑成了“大名鼎鼎”的中国男足，即便单个天才级球员表现不错，团体比赛却基本一败涂地。就像2013年的一场国际足联友谊赛，当时国际足联排名95位的中国队居然以1：5输给了排名142位的泰国队，遭遇了历史性的耻辱，令球迷们失望不已。

这里面的原因很简单，11个人聚在一起心不齐，彼此都不服气，既不听队友的话，也听不进教练的意见。这是中国人的国民性在体育比赛中的反映。在中国合伙开公司有着相同的境况，一开始大家可能是因为同一个梦想扎堆在了一起，但越到后面就越发现，既不能好好地沟通，也听不进彼此的意见。

曾经有人类学家做过这样一个实验，选出三个中国人、三个日本人、三个英国人和三个美国人，把同一个国家的人放在一个实验室里，让他们自己选出领袖。结果发现三个中国人根本选不出领袖，有人拼爹，有人拼学历，有人拼钱，有人拼官大。拼来拼去也拼不出个结果，所以最后中国人吵了一天也没有选出领袖。与此同时，日本人按学历，英国人按血统，美国人按资本，三个国家的人都顺利地选出了自己的领袖。

中国式合伙，意味着不能平起平坐搞投票选举。如果轮流坐庄，大家的选票都差不多，那么最后就会演变成谁也不听谁的话，投票机制形同虚设。中国人合作时，一定要有一个权威人士在里面，充当大家意见的代表。

经过改革开放三十多年的发展，中国的企业在数量上有了突飞猛进的增长，但在企业规模上却还是远远不够。自2010年以来，我国的GDP总值超越日本成为了世界第二大经济强国，但是大规模的企业不多。市值过百亿元的企业太少，多数公司都在10亿元以下。

我国的GDP总量已经达到全球第二，但在这高额的GDP背后却是1300万的中小企业和3000多万家个体户，行业集中度很低，市场碎片化，百亿千亿的公司数量和国外相比还是小巫见大巫。

这里面的原因是什么？一方面，“中国式合伙”难以为企业的发展壮大提供力量，另一方面，中国人本身也不倾向于合伙，更喜欢单干。这就导致了中国的企业难以壮大，发展速度和规模都受限。

兄弟型企业缘何难以为继

上篇中讲到“中国式合伙”的问题，虽然中国人单干的多，但也有一些人选择和自己的好朋友或者亲兄弟一起组建公司，这样的合伙制公司往往被我们称之为兄弟型企业。兄弟型合伙公司在中国的发展往往都不会一帆风顺，许多公司到了最后不但分崩离析，连兄弟情义也不复存在了。

2013年的一部热门电影《中国合伙人》，以新东方的创业故事为创作原型，讲述了3个好朋友合伙创业的传奇故事。电影里，演员佟大为的一句台词“千万别跟最好的朋友合伙开公司”，不知引起了多少企业家的共鸣。

有些人不禁会感到疑惑，为何一些跨国公司能闻名于世上百年，而我们的本土企业尤其是合伙制企业，往往发展到一定阶段后却难以继续壮大，甚至可能昙花一现？到底是经济政策环境影响，还是自身利益分配与发展理念的制约？

自改革开放以来，中小企业有如雨后春笋般冒出，可是却鲜有合伙制企业做大做强。大多数合伙人在企业成长时期就因为利益分配、发展理念的不同而分道扬镳，大企业拆分为众多小企业，再发展下去，小企业就渐渐步入濒临死亡的边缘了。

中国有句古话："亲兄弟，明算账"，即使血亲兄弟在利益面前也要划清界限，更何况是毫无血缘的朋友类兄弟呢？在兄弟型合伙公司中，"兄弟们"之所以能够相聚在一起创业，一些是因为血缘，另一些是因为情义、信任。比如电影故事的原型——新东方"三驾马车"：创业伊始，出于兄弟情义，俞敏洪邀请徐小平和王强加入新东方，3人一起创业一起分钱，公司初始时并不涉及企业的资本运作与管理。但随着企业的不断壮大，3人在企业经营理念方面的冲突日益严重，争执、摩擦不断升温。

2006年，俞敏洪率领着新东方赴美上市。之后不久，徐小平和王强就退出了董事会，并渐渐走上了天使投资人的道路。

我们应当看到，新东方的成功上市，不能简单归结为兄弟合伙制的成功，更多的是由于其主营业务是英语培训和出国留学，成本低、利润高、受管理层之争的影响小等。试想一下，当企业管理层处于一个动荡不安的局面，时有争吵，没有发展方向、发展战略时，员工又怎能在这样的企业安心上班呢？如此一来，从管理层开始，整个公司的人心就散了。

兄弟型合伙公司有两大问题：一是不能谈钱。一旦涉及金钱利益时，情感就不再纯正，总是猜度着谁获得的利润更多，彼此间的隔阂也就产生了。另外，碍于情面，又不能随意就让兄弟离开公司，最后就只能一边心照不宣，一边继续猜忌，陷入令人难堪的无限循环。

二是可以共苦而不能同甘。在事业刚起步的艰难时期，合伙人都以义字当先，共同努力，为自己的人生理想而共同奋斗着。当取得一定成果时，有人选择退出，有人选择走不同的道路，企业的发展战略、经营模式也因此出现了分歧。再加上最开始时合伙人股权并没有明确的细分，公司赚钱赚得少时，持股的多少并没有明显的区别，但当公司发展起来，一个小数位的股份波动可能意味着几百万的增减。此时攀比的心理就会出现，轻者降低工作热情，日子得过且过，重者杀敌一千自损八百，扰乱公司经营管理，更有甚者，卷走公司核心人才、核心技术另起炉灶，给公司带来不可估量的损失。

总的来说，兄弟型企业难以为继，主要是因为人治多于法治，利益分配容易被感情绑架。所以对于合伙制企业来说，科学的股权分配和制度的设计更加不可或缺。

将感情锁在规则的笼子里

十几年前，一艘名叫《泰坦尼克号》的大船为导演詹姆斯·卡梅隆带来了1亿多美元的报酬。但随后，因为与其妻子琳达·汉密尔顿的婚姻破灭，卡梅隆付出了高达5000万美元的天价“分手费”，相当于泰坦尼克号片酬的一半。[1]

---

[1] 麦兜. 最高4.5亿美金 好莱坞明星的天价分手费. IT168，http://elec.it168.com/a2010/0907/1100/000001100322_all.shtml，2010.9.8.

这样的天价离婚案在名人中比比皆是，尤其是企业家，一旦遭遇婚姻危机，所要付出的可能不只是金钱，还有公司的股权。

在中国，往往有种习惯，凡事不能谈钱，一谈钱就伤感情。和兄弟朋友尚且不能谈钱，和老婆家人就更不能了。中国人常常奉行一种单线思维，往往只考虑到好的时候，而没有想到分手的时候。人生无常，聚散有时，即使夫妻金婚五十载，也有一人要先离开，更不用提那些在途中就分道扬镳的夫妻了。从这个角度上来看，如何未雨绸缪，在婚姻出现问题之前就筹划好一切，是很重要的。

一些企业家由于在结婚之前没有把钱和股的问题安排好，结果导致了家庭危机诱发出事业危机。比如说前文中提到的真功夫创始人之一蔡达标，本来想通过“脱壳计划”[1]实现从双家族企业到单家族企业的过渡。结果，却由于没有处理好“小三”问题，被妻子告上法庭，最终让妻子拿回属于自己的25%股权，自己也被送进了监狱。

中国企业家的婚姻往往只依靠感情维系，许多人没有考虑到一旦自己婚变，会给公司的股权结构或者经营带来怎样的后果。

纯粹依赖感情，一旦感情不好，一切也就完了。所以说，经营归经营，感情归感情，要想企业经营得好，企业要有规则，家庭也要有规则。

我们企业家，应当将感情锁在规则的笼子里，用规则去治人而不是靠感情。夫妻之间的感情固然可贵，但是关系到企业经营的话，就一定不能感情用事。要重视规则，重视公司章程，重视初始契约。谁能重视这些东西，谁的企业下一步才有可能发生“飞上枝头变凤凰”的嬗变。

---

[1] 胡笑红. 真功夫脱壳计划曝光[N]. 京华时报，2011.4.14(第54版).

在这一点上，西方人走在了我们前面，有许多外国知名的企业家在处理家庭婚姻问题上显得非常明智。世界知名的传媒大亨默多克，在递交了他和第三任妻子邓文迪的离婚申请后，他的新闻集团并未遭受多大的影响，甚至连股价都出现了上涨而不是下跌的现象。这一切，皆是因为默多克为自己的婚姻和财产继承买下了双重“保险”。

婚前协议与其家族宪章中对于股权继承的规定，这双重保险让默多克既不用担心离婚后要支付前妻巨额的分手费，也无需担心和邓文迪所生的两个女儿会威胁到他儿子在新闻集团的地位。

俗话说，没有规矩，不成方圆。不论是家庭还是企业，都是如此。规则的笼子不是桎梏而是保护，它可以保护企业家和企业，使企业家在面临突如其来的婚姻家庭危机时不至于被汹涌的感情打倒，也可以保证企业在突发变故时继续井然有序地运行。

将感情锁在规则的笼子里，而这个笼子的钥匙就在企业家自己的手中。

更胜一筹的类夫妻企业

俗话说，一山不能容二虎，除非一公和一母。可见，在搭档选择上，阴阳结合是自然选择的最佳结果。而在中国，合伙成功的都是阴阳搭配。因此，在合伙创办企业时，夫妻企业屡见不鲜，也不足为怪。据《福布斯》2011年调查显示，中国家族企业一个非常显著的特点就是亲情关系。在这些家族企业的领导人中，夫妻关系最多，如SOHO中国的潘石屹和张欣、当当网的李国庆和俞渝等。

我们常常可以看到，“朝夕”相处的是夫妻，而一天中相当长时间里相处的是有着共同目标的同事。若夫妻成了企业创始人，成了同事，这种阴阳搭配有着明显的优势。共同的维系纽带——孩子、共同的价值观、夫妻间的相互信任、较少的沟通障碍、一方为另一方无私的奉献，让企业节省了大量的管理费用和人力成本，且能保证企业领导的权威，从而使企业凝聚力更强。

然而，夫妻企业经历了创业期逐步发展壮大后，面临的最大挑战是什么？太多的夫妻企业案例让我们看到，企业发展成功后，婚姻往往会出现动荡，一方面是诱惑太多，定力弱，更重要的是，在创业夫妻面前老公永远不够伟岸。

当兄弟型企业、夫妻企业的尝试宣告失败后，我们还能想到什么样关系的人能成为创业的最佳拍档呢？

其实，在企业中，有一种关系，它若即若离却坚如磐石；有一种关系，它干活不累却超越眷属；有一种关系，比兄弟可靠，比夫妻稳定。

这里说的就是类夫妻企业。它的创始人或高层管理者不是夫妻，但是有点类似于夫妻。而这种类夫妻企业大多稳稳地存活下来而且发展壮大了。典型的类夫妻企业就不得不提深圳的华为公司了。

在华为公司的构架中，“左非右芳”的格局早就确立了。孙亚芳对任正非思想的影响和理解很深，在华为恐怕找不到第二个这样的人。华为的高层管理人员震荡颇多，元老出走的事件屡见报端，但作为非华为创业元老的孙亚芳却一直活跃在最核心的管理班子中，可见二人的配合相当有默契。[1]而正是这样有着类夫妻关系的两人一直奋斗了20多年，将华为打造成了世界上数一数二的电信设备供应商。

[1] 孙亚芳：曾在华为最危急的时候挽救过华为[J]. 世界企业家，2009.9.16.

可能大家有这样的疑问，为什么类夫妻企业能够比夫妻企业走得更长远?

因为类夫妻关系的两人，其工作和家庭是分开的，处理事情时不会卷入私人感情，不存在来自家庭方面的摩擦，甚至对家庭破裂的担忧。可以说，在面对公司问题时，理性战胜了感性，距离产生了美，企业也就越走越长远。

同时，由于类夫妻企业的股权结构相对稳定，不会因为谁的婚姻破裂，而让企业的控制权转手成空，江山易主。我们都知道，《中华人民共和国婚姻法》明确指出，如果婚姻破裂，股权除双方约定外属于共同财产，需拿出来做财产分割用。夫妻企业一旦遇到夫妻不和，闹到离婚的地步，就会元气大伤，甚至经营不下去。

第三章◎说古道今话传承

古今中外，家族传承是绕不过的话题。“富不过三代”的传承魔咒，等待一个智者将其解开。继承人的选择很重要，传承机制也不容小觑。无论是隔代传承，还是长子继承，都是先辈们留下来的传承智慧。无论是古代的帝王匿名传承机制，还是现代的家族信托机制，都给企业家们处理企业的后续传承问题以丰富的启迪。

从家族传承说起

当80后都已经过了而立之年，60后也开始渐渐老去。有一个重要的现象是，再过十几年，中国的有钱人基本上都是老人。随着遗产税的讨论蔓延至中国，人口老龄化的不断加剧，家族传承的问题已经逐渐摆在一种现实的位置上了。

传承一直是中国家庭最看重的一件事情。“不孝有三，无后为大”烘托出了家族传承人的重要性。没有后续的香火，家族传承将沦为空谈。有了人脉的传承，财富的传承和权力的交接才有了物质基础，家族企业传承才能延续下去。

家族企业代代相传，是家族企业创始人们不变的期许。作为家族财富载体的家族企业，其核心在于家，有“家”才有家族企业，只有“家”才能体现出家族企业的独特价值，这也应了中国那句古话“家和万事兴”。

而处理好家族成员内部的利益冲突是保障“家和万事兴”的重要前提。若没处理好家族成员间的利益冲突，便很有可能应验“富不过三代”的古话。因此，继承人的选择很重要，传承机制也不容小觑。

如何选择继承人？是立嫡立长，还是立贤立能，还是选用其他标准？具体操作中，仁者见仁，智者见智。历代皇帝在继承人选择上能否给我们足够的借鉴？当代企业家在继承人选择上又展现出怎样的过人之处？

继承人的选择上，康熙帝为保王朝的千秋大业而用倒推法选择继承人，即隔代传承法。我们看到，当年老的掌门人没有物色到合适的第二代充当继承人，却在第三代中发现具有潜质的继承人时，像康熙帝这样选择隔代传承不失为一种选择和尝试。而亚洲富豪李嘉诚则以子承父业的方式将家族事业传承给了其长期培养、委以重任的长子，将现金财富给了次子，以协助他开展创新事业。李嘉诚对家族财富分配的深思熟虑，让异轨而行的两兄弟各得其所，让家族企业免于内斗而毫发无伤。

从历代皇帝的帝位传承来看，中国的传承机制相当完善。一个王朝可以传承几十个皇帝，历经上百年，甚至三四百年的历史，充分体现了帝王在传承机制上所发挥的智慧。帝位传承历来是一部钩心斗角的血腥史，高瞻远瞩、深谋远虑的帝王也不得不使用妙招来避免传承过程中的骨肉相残，例如，雍正帝设计的匿名传承。

凡事预则立，不预则废。近年来不断出现的败家子，给企业家在家族传承时敲响了警钟。丧钟为谁而鸣，我们尚且不能预测，但是提前做些准备工作，还是非常有必要的。

接下来，本章将围绕继承人的选择、传承机制的古今智慧和如何防败家子等话题依次展开讲述。

继承人的选择

家族传承最重要的一环莫过于继承人的选择，无论是财富的传递还是权力的交接，对于整个家族而言，无疑是具有历史性意义的时刻。掌舵人的改变，很有可能会改变家族原本的航道，是守成还是开疆，往往与掌舵人的性格有莫大的关系。但无论如何，所谓一朝天子一朝臣，掌舵人的改变必然会伴随着高层的人事变动。无论从哪个角度考虑，继承人的选择都是至关重要的。

继承人的选择问题，上至皇室贵族，下到商旅布衣，都需要面对。随着历史的发展演变，继承人选择的传统也慢慢确立了下来。《史记》中说“殷道亲亲，周道尊尊”，一语道破了君位继承的演变过程。就君位继承制度而言，殷道亲亲者立弟，周道尊尊者立子。从商王武乙到纣王帝辛，便废除了“兄终弟及”制度，确立了“父死子继”的继承制度。

尔后，如何选择继承人，归结起来无非四条：立嫡、立长、立贤、立能。所谓立嫡就是嫡庶有分，尊卑有别，嫡者为正妻所出，其地位要远高于侍妾所出的庶子，是法定意义上的正统继承人；所谓立长就是长幼有序，长者为尊，故而在继承人选择上应该选立长子；所谓立贤就是择贤而立，在众多继承人中以德行出众者为继承人；立能与立贤相似，是择能力出众者任之。四条原则中前两者是唯身份论，后两者是唯人论，哪一种更好，则是见仁见智的。

从儒家道德、封建传统来说，立嫡立长才是继承人选择的铁律。嫡庶尊卑、长幼有序是不容挑战的。首先是有嫡立嫡，这是对一夫一妻制的维护，也是对正妻的尊重。宠妾灭妻、废嫡立庶是不被封建道德所容忍的。其次，如果嫡子人数众多，则应该立长，长子才是第一顺位的继承人，这种继承人选择规则不需要主观评价标准，而是按照个人的出身来决定其所具有的权力。

在两千多年的封建历史中，这种传承方式一直被遵循着，中间虽有过特例，但是往往会成为污点，被后世所诟病。唐太宗李世民通过玄武门之变弑兄杀弟，夺取帝位，即便开创了贞观盛世，却也要靠着一些漏洞百出的故事来为其夺位正名；明成祖朱棣雄才大略，却也只能靠着“诛十族”这种史无前例的血腥手段来压制世人对其夺嫡的诟病，逼迫士林承认其正统地位。

若是当初唐高祖李渊、明太祖朱元璋在继承人选择上能够更多地考虑候选者的才能德行，那么在王位交替时就不至于如此血腥残忍了。再说李世民，由于自己的皇位与大义相悖，所以，在继承人的选择上便过分强调正统，在太子李承乾被废后，宁可选择懦弱无能的嫡子李治也不考虑能力出众的庶子李恪，最终李氏王朝大权旁落，差点断送了千秋基业，不免令人唏嘘。

为传孙而传子——历史上的隔代传承

父子相传、兄终弟及，历来是中国家族传承的传统。但是，凡事都有例外，有的人不在二代中挑选继承人，而是因为看中了某个孙子才“间接”把位子传给诸儿子中该孙子的父亲。

相传清朝的康熙帝就采取了为传孙而传子的隔代传承方式。康熙真正属意的继承人是雍正的儿子爱新觉罗·弘历，也就是我们所熟知的乾隆。而想要孙子能光明正大继承大统的唯一途径，就是让他的父亲能当上皇帝。正是因为这样，雍正才顺理成章成为了继承人。

就出身来说，相传乾隆的母亲并不是出身十分显贵的满族女子，也就是说乾隆并不是雍正的嫡子。按照古代嫡长子继承制的传统，本来是没有继承权的。但雍正死后，皇位却落在了乾隆的手中，这和康熙对他的宠爱有莫大的关联。

康熙第一次见到乾隆的时候，他不过十一二岁，当时已年岁渐长的康熙一见到这个孙子就喜爱不已，而后又查看了孙子的八字，当即决定将他“养育宫中”，这在当时的皇孙中是很大的隆恩。乾隆出生于康熙五十年（1711年）八月十三日子时，其生辰八字是“辛卯、丁酉、庚午、丙子”。相传，当时的相士对他的八字有批语道“此命富贵天然”。康熙有可能是在看到这个孙子的富贵命格之后才决定给予他特殊待遇，养在身边。也有传闻说，当时的大臣方苞向康熙建议“观圣孙”，言此法可保大清三代盛世，而康熙看中了雍正的儿子弘历，所以就把皇位传给了雍正。

此后，爷孙两人常常共处，乾隆聪明懂事，又继承了母亲的敏捷好动，很有运动天赋，深得康熙的欢心。年事已高的老人家对于孙子总是有一种特别的依恋之情，康熙渐渐坚定了要把这个孩子确立为继承人的想法。

在朝鲜的相关历史文献《朝鲜李朝实录》中有记载，康熙皇帝在病重不能起身的时候，曾经对身边人说过“第四子雍亲王胤禛最贤，我死后立为嗣皇。胤禛第二子有英雄气象，必封为太子”这样的话，足以表明康熙明确乾隆为第三代继承人的想法。

而事实证明，康熙的这一做法，确实使得清朝的繁盛得以延续近百年，康乾盛世也成为历史佳话。

这种为传孙而传子的做法，可以看做是一种新的传承方式。虽然多数企业家想要传位给二代，但遇到那种实在“扶不起的阿斗”，也只好作罢。这时候家业却又不能转手于人，于是三代继承人的考量和教育就可以提上日程了。

现代的家族企业没有“嫡长子继承制”的束缚，可以选择更为自由的方式。比如说，当企业家的儿子不是理想的继承者时，可以考虑让他做个董事，但不要把位子传给他，同时引入可靠的职业经理人来管理公司事务。这个时候，要把培养的重心放在孙子辈上面，儿子虽然不是可造之材，孙子因为年龄还小，可塑性仍然很强，可以好好培养一下。如此一来，既不会因为二代无能搞得公司人心大乱，又使家族的事业得以顺利继承。

从另一方面来看，这种隔代传承也是一种延长企业福泽的做法。康熙皇帝指定乾隆作为隔代继承人，至少可以保证清王朝两代的繁荣。如果企业家培养好了孙子作为继承人，公司也会得到两代的发展壮大。

但是，辩证地来看问题，隔代传承这种方式也存在着一定的风险。比如说，早早确定了孙辈的继承人，会过早形成利益集团，容易引致小团队间的互相争斗。而且，由于二代继承人和三代继承人之间的年龄差距，变数和风险也必须要考虑进去。康熙帝选择了雍正这个儿子，历史证明他选对了人。但也不是所有人都有这个运气，西晋时的晋武帝司马炎为了让孙子执政，把皇位传给了白痴儿子司马衷，结果导致了八王之乱，西晋就此败亡，代价惨重。

思维转换到现代，二代继承人没有直接掌管企业，选择了职业经理人的方式来管理。但是，谁也不知道职业经理人未来是“雍正”还是“司马衷”，会不会给企业的发展带来灭顶之灾。因此，综合多方面来看，隔代传承在过渡过程中还是存在着一定的风险的。

在“富二代”横行的今天，隔代传承算得上是一种有意义的尝试，因为它跳出了一般的眼界，不止看到了下一代，还看到了更远的地方。这一点，从古代帝王挑选继承人的智慧上，我们也能窥见一二。

代代有不同，福特家族的百年传承

说到传承百年的传奇家族，美国的福特家族算是一个。亨利·福特作为初代创始人，在其创办福特汽车公司之后的百年间，已历经了四代。在此期间，福特汽车在美国汽车史甚至是世界汽车史上创造了无数的辉煌。

前文中，我提到家族传承中关于接班人的培养问题。在这一点上，福特家族的百年传承史可以给我们提供一些借鉴。

不同的接班人有不同的特点，其培养也需要因人而异、区别对待，不能一概而论。所谓代代有不同，培养如果千篇一律，是不利于接班人的成长的。同时，一份庞大的家业，不只要传二代，更要考虑到后面的三代四代，所以眼光要放长远一些，并要及时调整培养策略，以免出现继承人青黄不接的尴尬局面。

福特家族的创始人是亨利·福特，其于1903年创办了福特汽车有限公司。作为事业的开拓者，老福特拥有开朗、果决的性格，但他的儿子福特二世却与之大相径庭。福特二世是一个性格温和的人，有父亲这样的珠玉在前，他若是想接过权力的接力棒，就必须付出更大的努力。而老福特在培养这个二代接班人的问题上，也花了不少心思。

福特二世同父亲一样，也喜欢机械，不同的是，老福特更喜欢动手，而他却更热衷于设计。作为老福特唯一的儿子，福特二世在1918年从父亲手中接过了总裁的位子。但父亲在他接棒之后，一直没有将全部的权力交给他——理由是觉得他需要更多磨炼，需要有足够的时间来树立权威。

老福特为了使儿子能成长为一个合格的接班人，选择了很多方法去训练他，甚至可以说是打击他。有一次，老福特去公司下属某个工厂视察，发现工人们正在建炼焦炉。他并不同意这种做法，却没有当场制止，而是在炼焦炉建好之后，派人将其拆除了。建炉的决定是福特二世同意的，老福特在下令拆炉之后表示，这些只需要从其他工厂订购即可，不需要亲自建造。这件事无疑给了福特二世很大的打击，但是也使他得到了深刻教训。

福特二世一方面在挫折和打击中不断成长，带领着福特汽车向前，另一方面却又对来自强势父亲的影响和控制感到疲累，他积劳成疾，在1943年身患癌症去世，年仅49岁。

福特家族的第三代掌门人是二世的长子福特三世，福特三世具有天生的领导人气质，加上他长子的身份，使他从很小开始就被当做下一代接班人培养，得到了很多锻炼的机会——他年幼时就开始参加公司的重大活动，青少年时期进入家族工厂学习机械相关的实践技能，了解公司的日常运作，以便为未来接掌福特王国做准备。福特三世富有进取精神，作风积极，曾一度向老福特挑战，为了家族的长远利益，面对孙子的挑战，强势的老福特还是选择退了下来，将管理的位置让给了福特三世。后来的事实证明，他的做法是非常明智的。

福特三世作为福特家族的第三代掌门人，成绩斐然。在他担任福特公司总裁期间，公司成功地实现了上市。到20世纪70年代，福特成为了仅次于通用汽车的全美第二大汽车公司，年产汽车近500万辆，全美市场份额26.6%。

福特家族在接班人的选择和培养上，一直秉承着因人施教、长远规划的原则。福特三世和福特二世的性格不同，培养方式自然也不一样。二世经受的“挫折打击式”培养，对他来说是不适用的。同时，福特家族在培养继承人方面眼光比较长远，给年轻一代提供了很多实践和锻炼的机会，才使得家族能够在二代接班人早逝之后，及时寻找到新的接班人。

这两点，在第四代接班人福特四世身上继续得到体现。随着时间的推移，尤其是上市的影响，家族对于企业的控制力相较于从前有所削弱，因此，继任者面临的挑战会更大，需要更扎实的经验积累，从一开始就做好培养规划。

福特四世之前，福特家族曾有将近20年的时间将公司的管理权交予家族外人士（但福特家族仍然保有对公司的控制权，这要归功于福特公司双层股权结构的保驾护航）。在千禧年临近时，福特四世接过了公司最高权力的接力棒。此前，他已经在福特公司内部“摸爬滚打”了20多年，在各个岗位上担任过职务，逐步积累，渐渐走上领导人的岗位。他担任过的领导人岗位包括福特瑞士公司董事长、总经理，福特公司控制部总经理，公司副总裁和董事局各委员会主席等。[1]

福特家族自19世纪初以来，在四代福特人的手中，历经100多年传承未断，可以说是一个奇迹。这中间，接班人培养的因人而异与长远规划十分重要，值得我国许多正面临家族传承问题的企业借鉴和学习。

李嘉诚的财产分配智慧

长子继承制作为一项悠久的传统，必然有其存在的理由。首先，一个家族若要长久地传承下去，就必须有一套明确的家族族规，家族继承人的选择必然需要在族规中明确。而长子继承制是大家默许的继承人选择的方式，其背后产生异议的可能性就会减小。其次，若是以立贤能为选择条件，那很有可能导致兄弟相争的局面，内部也会出现结党营私，企业很有可能因家族内斗而衰落。

一旦确定选择立嫡长子，则需要对继承人从小进行专门的培养教育，以便其能在能力德行方面无缝对接并承担起偌大的家业。若是次子幺子的确较为优秀，则家族可以支持其另立门户，毕竟家族继承权之争不同于过去的帝位之争，帝位只有一个，不是你死就是我亡，而当今家

[1] 王翔，林兴阔. 福特：超越一个世纪的家族梦[J]. 新财富，2014（6）.

族企业的传承中，最吸引人的无非是财富的传递，但财富并非只能依靠传承而来，亚洲富豪李嘉诚在财产分配上的做法明显地体现了这一点。

2012年5月，李嘉诚在出席旗下公司长江实业及和记黄埔股东会后，向媒体披露了他对财产的分配情况。他决定将长和系王国交给办事稳重的长子李泽钜管理，而用当时数倍于次子李泽楷身价的资金帮他收购心仪的公司，以协助其拓展新业务。

由此可见，在财产分配上，李嘉诚遵从了长子继承制的中国家族传承传统。虽然富可敌国，李嘉诚只有一位妻子和两个儿子，在青梅竹马的妻子去世后也未再娶，家庭关系简单。李嘉诚曾说："生意今日起，明日跌，这都是小事，一家人开心最紧要。"可见，李嘉诚具有浓重的中国家庭观念。众所周知，中国的传统就是文化传承、财产传承，而最理想的继承者就是自己的子女，尤其是长子。

看似"不患寡而患不均"的财产分配，其实是李嘉诚深思熟虑的结果。当李泽钜被问及会否觉得父亲偏心时，李嘉诚代答道，李泽钜若不满意，可以和李泽楷交换。可以看出，这样的财产分配是合理公平的。如果所有的富豪分财产时都能做到让继承者互换而无怨言，那么，家族内就不会出现争夺财产的现象了。外界也纷纷评论此次分家几乎是为兄弟俩"量身定做"。[1]

从心理学角度分析，家庭排行对个人性格的影响有这样一个规律：长子多守成，少子多求变。也就是说大儿子受的约束一定多，小儿子的创新能力比较强。这点在李嘉诚的两个儿子身上得到了充分的印证。大儿子李泽钜优秀听话，读书成绩好，在美留学期间埋头苦读，鲜有绯闻，家庭稳定。而小儿子李泽楷读书期间到处兼职，为提早工作不惜放

[1] 李嘉诚财产分配方案：经营高手的智慧[J]. 首席执行官，2012.6.20.

弃在斯坦福的学业，绯闻不断，在事业上也表现出野心。李嘉诚在财产分配时，就汲取了其他华人富豪家族纠纷的教训，考虑到两个儿子性格差异巨大，没有勉强两名儿子共同为长和系服务。

面对异轨而行的两兄弟，李嘉诚一方面确立了长子李泽钜对家族传统产业的继承地位，另一方面也组织了大量现金，随时准备为幼子的未来插上腾飞的翅膀。家族企业没有因为分家而被削弱实力，没有给众多利益相关人带来不安，家庭也没有因为李嘉诚“厚此薄彼”而陷于兄弟反目成仇、家人对簿公堂的尴尬。李嘉诚用上述分而制胜的财产分配智慧给众多中国家族企业在家族传承上树立了榜样。[1]

富二代接班：把握前提，重在培养与时机选择

在中国数千年历史发展中，出现不少老子英雄儿好汉、家族传承代代相传的风流人物，如孙坚和孙策、周勃和周亚夫、刘统勋和刘墉等，同时也出现许多老子英雄儿混蛋、家族传承代代退化的窝囊废物，如嬴政和胡亥、赵奢和赵括、刘备和刘禅等。家族传承代代相传，自然是好，但如若不巧出现“败家子”，万贯家业就可能毁于一旦了。

2014年新闻报道重磅曝出家族企业传承中的又一失败案例——海翔药业创始人罗邦鹏之子罗煜竑，4年就败掉了40年积累的家业，结果导致海翔药业易主。

先是有坊间传闻称，因嗜赌，罗煜竑欠债5亿元，不得已贱卖其持有

---

[1] 凤凰网专题：分而制胜：李嘉诚的财富分配之道，http://news.ifeng.com/hongkong/special/lijiachengjiachanfenpei/.

的海翔药业全部股权（占比18.31%），套现3.8亿元，用来偿还赌债。时隔几天后，海翔药业就发布公告澄清称，罗煜竑转让公司股份是出于个人投资规划及产业布局的考虑，不存在为偿还赌债而被迫出售股份的情况。另有相关报道述及，因罗邦鹏重病退出企业一线，罗煜竑“年轻接班撞上企业转型”[1]，从而让这次海翔药业易主显得更加合理。

历史和现实的经验都反复说明了一个道理：成也接班人，败也接班人。众所周知，接班人的选择问题是任何家族企业都绕不开的一道难题，而当下接班人的选择无非是家族后代或者职业经理人。但出于对职业经理人条件反射般的不信任，绝大多数的中国家族企业均把接班的希望寄托在自己的下一代身上，也就是大家常说的“富二代”。

在我看来，家族企业能否成功交接班，前提是富二代要有志向或兴趣经营家族企业，关键在于创一代在富二代的培养以及交接班时机的选择上是否下足了功夫。

一份来自上海交通大学的2012年调查数据表明，八成富二代不愿接班，而更钟情于虚拟经济。现实的情况是富二代常常被动接受来自家族的命令在经营着家族企业，这样的结果常常是“强扭的瓜不甜”。

当然，我们不能排除还是有些富二代有志向或兴趣经营家族企业。在这样的前提下，富二代接班的现实问题就落在对其的培养上了。这时，创一代应该注意，不仅要培养企业经营能力，如战略眼光、执行力、管理能力等，还要培养企业家精神，如吃苦耐劳、勤俭节约、诚实守信、开拓创新、无不良嗜好等。对于德行不正的接班人候选人，创一代需及时对其进行纠正式的教育培养。如果其顽固不化，恶习不改，则

[1] 赵峰. 海翔药业重组叫停背后：重组资产遭贱价倒卖[N]. 中国经营报，2014.6.16（第23版）.

需慎重考虑是否选其成为接班人。

同时，家族企业交接班的时机选择也尤为重要，因为如果企业的发展阶段仍需创一代的经营魄力和实战经验才能完成企业战略实施，就不宜做交接班工作。否则，家族企业的经营就很可能一落千丈，岌岌可危。假设富二代罗煜竑败家的真正原因是“年轻接班撞上企业转型”，那么可以说，创一代罗邦鹏将家族企业交接给罗煜竑在时机选择上是不恰当的。也许他先暂时外聘值得信赖的职业经理人渡过难关后，再做交接班工作，结果未必会如此惨淡。

不管真实情况如何，海翔药业这个家族企业在代际传承的过程中出现了断层现象，40年家业江山易主，不免让人扼腕叹息。作为要为富二代们负责的创一代们，在家族企业传承过程中，首先要明确富二代们是否愿意接手家族企业，对有意愿的富二代，需尽早对其进行培养，尤其是企业家精神方面的培养，再选择合适的时机将家族企业交接给富二代们。

防败家子的前瞻设计

败家容易，守业难。富二代罗煜竑从家族企业海翔药业中“裸退”，再次引发大家对家族企业交接班难题的热议。俗话说，防患于未然。防止家族企业出现“败家子”，是创一代们在考虑交接班问题时不容忽视的一环。

前文中我提到过“以终为始”做好顶层设计的重要性。在应对“富二代败家”的问题上，提早做些前瞻性的设计，也许可以防止败家子们如此迅速地将万贯家业败得一干二净。

其实早在2004年，正泰集团董事长南存辉就提出了由专家负责管理的“败家子基金”，这被外界认为是尝试解决“富二代败家”问题的一种新思路。南存辉鼓励公司高级管理人员的子女到外面去打拼，并在打拼过程中对他们进行观察和考验，若成器者，可以由董事会聘请到正泰集团工作；若认定是“败家子”，原始股东会设立一个基金，并由这个基金来养活那些“败家子”。

南存辉之所以设立败家子基金，正是为了防止高管子女将来接替父辈经营企业时，按股份多少而不是按能力高低来排座次，由此导致家族式管理，从而使父辈一手打拼出来的成果在儿孙手中败落。[1]

本质而言，南存辉提出的“败家子基金”和家族信托基金差不多。和国外成熟的家族信托基金相比，“败家子基金”将受益人范围拓展到了家族外的企业高管子女。另外，由于国内的相关制度和规定与国外的有所不同，股权和不动产一般不纳入家族信托。

提到国外的家族信托基金，不得不说，这是一种可用于防败家子的前瞻设计。它离岸式的操作设计，一方面可以保证家族企业股权不受外界任何事件的影响，实现股权集中以控制企业经营权；另一方面，如果受托人离异、破产或死亡，信托财产不会受其牵连，债权人或配偶都无权拿回。

同时，它还是一种条件性行权的财富传承。在信托合同设计时，信托机构可以依据父母对子女的期望设定拨发财产的条件。有些家族信托基金甚至有条款约定，如果子女（受益人）考不上大学，则一分钱也拿不到。甚至会有更细致的就业条款约束：毕业后必须找到全职工作，全

[1] 方亮. 内地富豪苦寻接班人 南存辉设“败家子基金”[J]. 瞭望东方周刊，2004.5.13.

职工作必须一个星期上班超过5天，一天必须超过8个小时。如果失业，受益人将得不到资金支持。[1]

就富二代而言，家族信托基金具体涵盖了“家族低保金”、家族教育金、家族创业金等几种方式。其中“家族低保金”是为了保证家族中的富二代既不会因继承巨款出现纨绔子弟，早早地把家业败掉，也不会流落街头。因为在“家族低保金”的保障下，富二代虽然过不了奢华的贵族生活，但是过上体面的平民生活还是不成问题的。而家族教育金则没有上限，只要富二代有能力继续攻读下去，教育金都无条件地支付其费用。家族创业金一生只给一次机会，不管创业是否成功，所需资金都不再跟进。[2]

总之，家族信托基金可以防止败家子的出现，同时也可以解放无意接班的富二代。考虑到国内外不同的体制与法律法规，在国内成立像国外那样的家族信托基金是可以借鉴，但无法照搬的一种财富传承思路。

“正大光明”匾额后的秘密——匿名的传承制

说完了继承人选择的话题，我再来说说传承机制方面的帝王智慧。紫禁城乾清宫内，悬挂着一块金字匾额，上书“正大光明”几个大字。借由各种影视剧及史书小说的渲染，许多人都对这块匾额非常熟悉。大家都好奇这块由顺治皇帝手书的匾额，到底有着什么样的秘密？“正大

---

[1] 高改芳. 神秘家族信托奏响中国style：受益人仅知关己部分[N]. 中国证券报，2013.10.21.

[2] 给“创二代”设“家族低保金”防败家[N]. 扬子晚报，2012.5.3.

光明”真的如它看上去那样光明正大吗?

明代时的乾清宫，本来是没有“正大光明”匾额的，一直到了清朝初期顺治帝时才有。而“正大光明”这个词，起初也是没有的，“正大”二字，来源于《周易·大壮·彖辞》，“光明”二字，则见于《周易·履·彖辞》记载，两处合二为一才有了这个词。[1]

这块著名的匾额之所以吸引目光，是因为在这“正大光明”的背后，藏着清朝统治者秘密立储的匣子。从清雍正帝开始，就开始采用秘密立储制，这是一种用匿名制来避免骨肉相残的帝位传承方式。

有一句话说：“一个皇帝最可怕的敌人是他的儿子。”试想一下，老皇帝年迈，儿子们都野心勃勃想要取而代之。皇帝如果一早公布了帝位继承人的人选，储君有恃无恐，自然不会把老皇帝放在眼里；而那些失去继承权的王子们，难免对老父亲心存怨恨，极有可能做出一些极端的行为，威胁到老皇帝的安全。

中国两千年的帝位传承，多用的是太子储君制，皇帝们在世时就会把继承人选公告天下。然而到了雍正帝这里，他做了一个具有突破性的决定——生前不立太子，而是立一份秘密的遗嘱，藏在乾清宫“正大光明”的匾额后面。同时，在皇帝寝宫的枕头旁边再留一份诏书。两份诏书的内容合起来，内容一致，所确定的人选就是皇位的继承人。

不得不说，这种秘密立储制，相比于透明化的操作，更具智慧。因为没有明确谁是继承人，就意味着每个儿子都有机会，而这些孩子为了继承大统，一定会在老皇帝面前尽力表现自己。这样一来，老皇帝就没有后顾之忧，不用担心自己的孩子变成逼父退位的“秦王李世民”。

---

[1] 阎崇年.“正大光明”匾后面放置过几次“立储匣”[N]. 北京晚报，2013.1.20（第27版）.

同样的道理，因为没有公布储君，朝臣不知道要去巴结谁，难以结党；兄弟之间彼此都是机会均等的，也不会出现骨肉相残的惨况。更不用说，这样做还能保护皇帝心目中的储君，皇帝可以制造假象吸引众人的目光，以保证真正的帝位继承人不会遭遇毒手。

在雍正帝之前，其父亲康熙皇帝仍然沿用太子储君制，却因为两立两废太子，最终也没有留下确定的储君人选，导致了九子夺嫡、骨肉相残的惨剧发生。帝位继承的透明性，反而成为了兄弟相争的导火索。而自雍正帝开始的秘密立储制，保证了自此之后的大清王朝再也没有出现过骨肉相残的帝位争夺战。

当今社会不传皇位但要传股份，而在给股份的时候，和皇位传承一样——透明化容易引起纷争，匿名制反倒平衡。

中国人普遍有“患不均”的心理，这点在之前也曾经提到过。多数人在不知道股份数量时，还能保持理智分析，一旦知道了股份数，就无法理智看待了。本着“人无我有，人有我多”的想法，互相攀比各自的股份蔚然成风。在这种情况下，股权激励计划将难以实施下去。

股份最怕攀比。我曾经遇到过一个企业家，他出于好心给了三个创业伙伴股份，每个人的股份基本都差不多。但他对此次分股并没有做好保密工作，导致后来进入公司的人纷纷要求得到比例更高的股份，股份很快就不够分了，整个股权激励计划也因此陷入了僵局。

在这种情况下，企业家可以尝试转变一下思维，既然透明化带来的是更多的麻烦，何不采用匿名制呢？

“正大光明”匾额的后面藏着皇位继承人的秘密，人人心知肚明秘密的存在，相安无事。如同给股份时，人人手上都有股，却不知道周围人拿了多少股，也就没有相互攀比、竞争的理由了。

当透明成了斗争的导火索时，不如尝试着用秘密来维持和平吧！

第四章◉若见诸相非相，则见如来

相由心生，实为非相。佛家经典《金刚经》中说道，“若见诸相非相，则见如来。”企业家应当打开心量，相信人是可以被激发的，并非没有人才，而是要相信员工能成为所需要的人才。懂得吃亏利他，改变心性，则可面见心中如来，既实现了自我的修行，也助企业成就一番更大的事业。

从心智改变开始

我曾设想过开一家信义餐厅，店内不设店员收款，全凭顾客良心自觉付费。一是为求店家、顾客彼此间的诚信，一是为了回馈社会所行的义。

上海经邦企业管理咨询有限公司(以下简称经邦咨询)发展至此已有十多个年头，一路走来风雨兼程，遇到过贵人相助，也做过别人的“贵人”。到如今，我深感肩上的担子已不止办公室里的一大批员工们，更有面向社会、回馈社会的压力。确切地说，不仅是压力，还是一种激励，一种动力。

经邦咨询的目标是帮助那些有梦想，希望有一番作为的企业家，帮他们的企业走向更广阔的平台，实现更大的发展。而每每谈到这样的话题，总会有人问我，要怎样才能让自己的小企业变成大企业。

绪论中谈到一些关于股和人才的内容，这些都是非常重要的，但除了那些，企业家本身心智模式的改变，却是重中之重。如果股权模式是骨的话，企业家的心智模式就是魂。一具躯体无骨不立，而无魂的话就是行尸走肉了。

拿我自己来举例子，作为老板，就不能只顾自己赚钱，不管底下员工的死活。但当你的企业发展到一定规模时，只管员工的生计就远远不够了，你要有的是肩负天下的魄力。

古人常说，修身齐家治国平天下，诚不欺我。一家企业从小企业成长为大企业的过程，企业家的心智之魂是绝不能缺少的。随着企业的做大，企业家的想法、思维都要随之改变，希望公司未来达到什么样的要求，自己就先要有一个更高的提升。

这里面有一个本质上的问题——为谁而干？企业家需要明确，此刻他不再是为自己而干，更是为了社会而干，这样才能够把企业做正。有些心智不正的人，发展壮大企业却没有配套升级心智，上市目的就是为了圈股民的钱，这种邪路可走不得。

人性中都有向善的一面，正如我所设想的信义餐厅，我坚信绝不仅仅是一种美梦。当今社会，信义缺失，但那种对美好品德的向往却愈发深刻了。一个有良心的企业家，即便是短时间内赚不到钱，长期来看，也一定会有好的因果。

禅宗里经常提到关于因果循环的真理，《涅盘经》里说，善恶之报，如影随形；三世因果，循环不失。企业是为社会创造价值的，企业家要转化自己的意识，从为一家人而干，变成为多数人去干。这样所带来的转变可能是缓慢的，甚至在开始时是一种损失。但因果循环，种下了好的因，终有一天善的果会轮回回来。

如果肩头没有重量，在风雨中行走反倒没有方向感。带着对社会的责任，对良心的拷问，对信义的追求，企业家们应当追索的，其实还有很多。这一切的转变，都应从心智模式的改变开始。

不疾而速，“做正”的力量

纵观世界几百年的企业发展史，我们发现每家企业都有一个生命周期，有些企业很快就夭折了，有些企业则历经百年发展成为行业寡头，至今依旧岿然不动。众多中小企业若没有在激烈的行业竞争中生存下来，那么必将慢慢消亡在历史长河之中。

我们不禁想问，那些屹立百年不倒的企业是通过怎样的力量存活下来，以至存续百年之久？

首先，我们需要明确的是，企业的核心是人，企业管理的核心是管人。可以说，这个世界上没有什么能够比人的力量更有价值，但人心又是这个世界上最叵测的东西。俗话说，人心隔肚皮，谁也不知道对方是怎么想的。所以，办企业，把人管好是关键，因为人心齐，泰山才能移。团队打造好了，企业才能有更长远的发展和未来。

想想看，大家所推崇的团队当中，宗教的团队力量是最有效的，它靠的是崇拜，靠的是一种信仰；而军队的力量来自于畏惧。你看过去历史上有多少元帅上台，登台拜帅，第一天必做的一件事情就是点卯。明代抗倭英雄戚继光在《练兵实纪·凡例》中写道："寻常比较武艺，点卯不到，小有过失，事干人众，应责治者，即以条约为赏罚。"足见其治军之严。所以，军队靠的是一种畏惧的力量。那么，企业的团队力量靠什么呢?

也许享誉全球的华人富豪企业家李嘉诚能为我们给出答案。"好谋而成，分段治事，不疾而速，无为而治"是李嘉诚2007年在汕头大学演讲时提到的经营哲学。这句话的内容环环相扣，互为因果。李嘉诚提到，他的集团大概有25万名员工，分布在55个国家，而员工大部分在西方国家，如果没有良好的制度，就不可能有足够时间去管理。[1]由此看出，制定并实施一套良性循环的机制，企业家才能以一当十，统领千军万马，将一家企业打造成百年老店。

一套机制能良性循环下去，其中必然有一种"正"的能量在维系。我们能经常看到中国企业家迷失在"做强、做大、做快"的口号中而不能自拔，却忽略了一个重要的问题，那就是把企业做正。其实，做正才是企业的本源，因为只要企业做正了，企业做强、做大、做快就是自然

[1] 不疾而速，对话李嘉诚的经营哲学[J]. 全球商业经典，2008.1.17.

而然、顺理成章的事。孟子有云："得道者多助，失道者寡助。"做正了的企业，必然会得到多方面的支持和帮助，这也将更有利于企业在激烈的行业竞争当中突围而出，成为行业领头羊，走向寡头之路。

那么，企业要如何才能做正呢？企业要做正，首先老板要做正。老板做正的第一步是要利他。老板创办企业时，必须想清楚自己的出发点是什么。是为一己之利还是积善利他？如果老板从事的业务无法利他，不能满足他人的需求，企业也就无法长久运营下去。

其次，老板要肯分钱给内部员工。你怎么样让一个人对公司有恒心、又忠诚，我们先不讲别的因素，利益两个字就能说明问题。老板做正后再分钱，员工容易感恩。但是如果老板本身不做正而去分钱，就极容易引发员工的贪欲。

通常而言，老板正，则员工信；员工信，则众人从。孔子说："其身正，不令而从，其身不正，虽令不从。"所以，给员工灌输一些向上向善的东西非常有必要。如果老板没有这种文化的东西在引导，不先做正，企业想做大就很难。

所以，归根结底，企业要做正，人就要做正，其基础是设计出一套有效的激励约束机制。股权激励就是这样一套机制，它可以激发员工留在公司奋斗的欲望，又可以通过与员工构建起利益的纽带，规避员工的道德风险，从而保证企业快速且稳步的发展。股权激励机制将做正的力量激发出来后，企业的发展也就"不疾而速"了。

提升心性，突破瓶颈

经营企业就是经营人心，经营人心的第一步是提升企业家自己的心性。这是一条亘古不变的真理。

简单来说，企业家提升心性就是要抑制利己之心，用利他之心来做经营判断，这也是稻盛和夫所提倡的向善向上的思维方式。时刻反省自己，就能抑制利己之心。处处想着帮助他人，就能弘扬利他之心。

作为企业家，你能爱多少人，你就有多高的高度；你能对多少人负责，你就有多宽的宽度。实现这样的高度和宽度，就是在提升心性。

在2014年6月底举行的“2014稻盛和夫经营哲学杭州报告会”上，很多企业家都分享了自己是如何通过提升心性，拓展经营的故事。听完整场报告会下来，我有一个非常强烈的感受就是，企业家提升自己的心性后，企业经营上的瓶颈不断被突破。而其中来自量子高科（中国）生物股份有限公司的曾宪经副董事长所作的演讲让人印象深刻，台下的听众也无不为之报以最热烈的掌声。

量子高科的创业缘起和曾宪经的奶奶有非常大的关系。奶奶年纪大了，便秘比较严重，为了改善奶奶的便秘问题，曾宪经就把自己研发的富含益生元的阿力果给奶奶吃，效果非常不错，于是立志要让天下所有的奶奶都能吃上阿力果，从而健康长寿。

公司创业前期就小有成就，为很多知名企业供货，也获得了几百万元的利润。当时曾宪经就产生了一种“做大做强”的贪念，继而把益生元加上水做成了口服液，结果企业却出现重大亏损。悲愤交加中，自己病倒了，也开始进行反省，发现自己不懂营销管理，产品价格虚高，于是毅然决定关停了口服液业务。

在反省自己并抑制了利己之心后，曾宪经意外遇到了生命中的贵人——豪爵摩托车的老板王从威。两人后来合资成立了现在的股份公司，并成功上市。

公司上市后，品牌经营再遇瓶颈。虽然经常会有顾客通过电话对曾宪经表示感谢，但中国的营养保健品存在着“吃的人不买，买的人不吃”的尴尬，深深地困扰着曾宪经，益生元终端品牌也一直处于停滞的状态。曾宪经不断地反省自己，并质问自己“是以挣钱最大化定价，还是以渠道销售最大化定价，还是以天下奶奶身体健康最大化定价”。

良知告诉曾宪经，以天下奶奶身体健康最大化为原则定价才对。于是曾宪经又毅然停掉了广州分公司的终端产品业务，并采用了成本定价法，定了一个让天下奶奶都吃得起的价格。结果，产品一上市就被抢购一空。在口碑的传播下，产品一直持续热销，品牌影响力也在不断扩大。

时刻反省自己，利己之心就少了，利他之心就宽了。定价定到“吃的人没负担，买的人没压力”，施行“让天下所有的奶奶都能吃上阿力果”大爱的范围就拓宽了，健康长寿的老人也就更多了。相信，企业家有了这样的心性提升，很多企业经营上的瓶颈就也就会像量子高科一样不攻自破，朝着更健康的方向发展了。

分享是一种利他的利己主义

前文说到企业家应当反省自己，抑制利己之心。遵循利他这种大义，反映在企业经营上是向善向上，保有高度的社会责任心；反映在企业的管理上则是股权激励。

一些企业家觉得进行股权激励是浪费金钱的行为，在他们眼中，股权激励的周期长，成效慢。并且，白白将自己手中的股份交给员工，对一些老板来说，无异于割下心头肉。

从某种意义上来看，股权激励是一种利他主义——老板将自己手中的股权分给员工，让他们能获得除工资以外的收入，同时也从公司的打工者变成了所有者。

但在另外一种层面上，这也是一种利己行为，股权不会白给，老板在付出的同时，也从员工那里得到了收获。我一直觉得股权激励表面上是利他主义，实际上却是一种利他的利己主义。

由于人的天性使然，利己主义是人所共有的。但随着年龄的增长，后天的教育、规定和法律又要求我们利他，不能只管自己的利益，不管他人的死活。股权激励正需要有一颗利他之心，没有这一点是无法成功的。

企业家往往因为前期的一味付出而对股权激励有了误解，但事实却是，你付出了股权，付出了激励，这一切员工都是可以感受到的。他们感受到这样的利他之心，必会有所行动，工作上的努力上进，忠诚度的提升等等，都将会有显而易见的变化。

股权激励利他主义的实质是目前虽然吃亏，但长期的结果却是好的。正如你本着正直的心去做善事，种下了好的因，那么善的果在这之后自然会轮回来找你。

春秋战国时期，有这么一个故事，能让人对这个道理看得更加清楚。

战国时期，有一个叫冯谖的人，是战国四公子之一孟尝君府上的门客。这个人寄食府上，总是有诸多要求，一会儿说要吃鱼，一会儿说要坐车，一会儿又说没办法养家。孟尝君听了他的诸多要求，也没有怪他，都一一地满足了。

后来，孟尝君需要一个通晓账务的人去薛地为他收债，冯谖主动请缨。临行之前，孟尝君嘱托他把债款收集之后，买些家中缺少的东西回来。到了薛地之后，冯谖假传孟尝君之意将所有的账目都免除，并将债款赏赐给百姓们，随即便烧了那些借契。回去之后，孟尝君问他债收得怎么样，有没有帮他买点东西回来？冯谖回答道："您家里珍宝财富无数，缺少的东西只有'义'罢了，我就私自用借契给您买了'义'。"听了这样的话，孟尝君当然很不高兴，但借契已经毁了，无奈只好作罢。

当时，孟尝君的府上热闹非凡，号称食客三千，有很多鸡鸣狗盗之辈都来投靠他，只为混口饭吃。好景不长，过了一年，齐王以"不敢以先王之臣为臣"为由让孟尝君回到他的封地薛地去。孟尝君离那里还有一百里地时，就受到了老百姓的夹道欢迎。孟尝君这个时候才认识到冯谖的长远目光和深谋远虑。失去重用的孟尝君，由庭前车水马龙变成了门可罗雀，只有冯谖还忠心地留在他身边。在这之后，冯谖又为孟尝君筑"狡兔三窟"，使用巧妙的计策让他重新得到齐王的重用，保他高枕无忧，成就了一段门客与君上的佳话。

孟尝君在一开始礼遇冯谖的时候，根本没有意识到这个门客能为自己带来怎样的回报，他只是本着善待人才的想法给他提供食物、车马。谁知道，当他自己时运不济时，这个他曾经真心以待的门客却能挺身而出，为他出谋划策，排忧解难。[1]

在这个故事里，孟尝君一开始对冯谖的礼遇，是利他主义，后来又得到了冯谖的报答，这是善因结下的甜果，利他带来了利己的效果。而那些鱼肉车马，则可以看成是激励。正因为孟尝君一开始的不计回报，才有了冯谖后来的感恩戴德。这两者作为企业家和员工，到最后都获得

[1] 刘向. 战国策・齐策四[M].

了好处，一个得以政位稳固，另一个也有机会施展抱负。

这世上并非没有两全其美的事情，站在东方看西方，对老板来说，股权激励是一种利己主义；站在西方看东方，对员工来说，股权激励是一种利他主义。激励是一种分享，而这分享也恰是一种利他的利己主义。

山西票号本小利厚启示录

我讲课时经常提到的山西票号，其实是由总号和所属分号组成的金融联合体，家家如此，概莫能外。从每家的情况来看，他们都是资本不多、规模不大、机构精干的中小型金融机构。其经营模式的基本内涵可总结为本小、利厚、快速高效。

山西票号这种本小利厚的基本内涵的确令人深思。财东的银股不多，其占比随着顶身股的人数不断增加，渐次少于身股，而其分得的银子非但没有减少，反而大大增加了。

乔家大德通票号的股份变迁就是一个很好的例子。据记载，在1889年第一账期分红时，大德通票号有银股20股，身股9.7股，其中身股分别为23名伙友所持有。到了1908年，大德通票号的银股仍然是20股，但拥有身股的伙友也从23名增加到了57名，身股也从9.7股上升到23.95股，几乎达到20年前的2.5倍。

再看看财东分红的情况，1889年账期时，大德通票号盈利总额约2.5万两白银，每股分红约850两白银，财东分得1.7万两白银；而到1908年账期，其赢利总额达74万两白银，每股分红约1.7万两白银，此时大德通票号的资本银为22万两白银，虽然其红利的一半以上分给了员工，但财东却分得了34万两白银，相当于20年前的20倍。

细细探究下来，发现这其中的奥秘在于如下几个原因。首先，一般票号不需要很多的资本。从票号经营的汇兑业务和存放款业务来看，主要是开办时需要一笔启动资金和周转资金。一旦运转起来后，票号就可以通过吸收存款等办法，获取大笔可支配资金。

其次，基于个人利益考虑，大掌柜并不希望东家投入过多的银股。因为票号是根据银股和身股的比例分红的。财东投入的银股越多，对大掌柜就越不利。因为大掌柜通常只能顶身股1股，最多不超过12厘或13厘。假设财东投入100万两白银，银股为100股的话，在不算其他人所顶身股的条件下，大掌柜所顶的1股只是财东的百分之一。如此低的分红比例，在当时的历史条件下，对于非常稀缺的具有专长的大掌柜来说，激励力度太小，也很可能因此导致财东聘请不到懂经营、善管理的大掌柜。这对财东来说也是极大的损失。

再者，身股和银股在后续新增的时候，股本增值的机制并不一样。随着顶到身股的人数和份额不断增加，身股的总额也就不断增大，并计入分红比例。而财东新增的银股只能获取利息而不能加入银股总额进行分红，而且不能马上提取这部分利息。[1]

从表面上看，财东付出的银股不多，其新增银股的增值机制也劣于身股，但由于整个业务蛋糕做大了，分红总额也就扩大了。

所以，企业家们要学会适度分钱，甚至自己分得少，员工分得多，将业务蛋糕做大，而非仅仅考虑用人成本的提高。这也是山西票号本小利厚的基本内涵给我们带来的启示。

---

[1] 薛中行. 中国式股权激励[M]. 北京：中国工商出版社，2014：128-136.

商鞅立木，赢取人心

孔子曾经说过：“自古皆有死，民无信不立。”意思就是说，自古以来人都是要死的，但如果老百姓对统治者不信任，那么国家就不存在了，可见“信”之重要。信用不只在治国中重要，在创业以及经营企业的过程中同样重要。古往今来，有很多事例印证了这个道理。

在战国时期，秦国商鞅变法，准备好了条令，但还没公布。商鞅担心百姓不相信自己，影响后期法令的执行。于是，就命人在市场的南门放置一根三丈高的木头，公开张榜招募：“如果有人能把这木头搬到北门去，就给予十金。”众人都面面相觑，不知道商鞅想要干什么。

这时候，商鞅又出示布告说：“能搬木头的人就赏五十金”，把奖励的额度提高了五倍。

重赏之下，必有勇夫。在如此“多金”的激励之下，终于出现了第一个吃螃蟹的人——把木头搬去了北门。商鞅言出必行，给了这人五十金，用以显示自己并没有欺骗百姓，终于赢得了百姓的信任。最终，商鞅变法的法令也得以顺利实施，助秦国由原先的弱国渐渐成为七国中最强大的国家。[1]

其实，从现实的角度来看，这种移木头的行为哪里能值五十金呢？但是，要使百姓看到商鞅实施变法的决心，并获得他们的信任，这里面的价值是远远超过这五十金的。

关于这个“信”字，古有战国商鞅立木建信，今有世纪佳缘“小龙女”“以八千万还八万”。新东方创始人之一、真格基金联合创始人王强在一次“迈向成功的创业者精神”的主题演讲中，曾经说起过

[1] 司马迁. 史记・商君列传[M].

世纪佳缘的创始人“小龙女”龚海燕在创业中的一些经历。

在2003年时，“小龙女”初创世纪佳缘，当时的她很缺钱，要购买服务器，还要更多的钱将网站运行下去。她在网上认识了一位网友“渔夫”，这位网友知道了她是复旦大学毕业的研究生之后，觉得她还这8万元钱一定没有问题，就答应了她的要求。

到了2007年，“小龙女”见到了王强和徐小平这两位天使投资人。他们谈起世纪佳缘，“小龙女”一直和他俩强调，如果没有当初的这8万元钱，她不会有今天。所以她坚持要求，如果王和徐两人想要投资她的公司，就一定要把8万元钱折算成股份。这种坚守信用的精神，打动了当时的王强和徐小平，这也是他俩觉得“非投她不可”的理由之一。于是，“渔夫”的这些钱款变成了世纪佳缘的原始股。

后来，到了2011年5月，世纪佳缘在美国上市敲钟，这家公司成为了中国婚恋网在美国纳斯达克上市的第一家。“小龙女”找到这个当初借她8万元钱的“渔夫”，告诉他，按照当时的IPO价格，他的原始股已经成长了1000倍，变成了8000万元。[1]

在一些人看起来，这个例子里的小龙女有些愚蠢，其实，这种守信的“愚蠢”恰是难能可贵的品质。在当今这个诚信缺失的时代，能拥有这样品质的企业家更是能赢得不仅是投资人、业界人士，更包括员工的支持。

商鞅立木，赢取人心；“小龙女”守信，也赢得了投资人的心。“信”这个字，在股权激励中也同样重要。企业家不但要有“信”，还

[1] 真格基金联合创始人王强：成功创业者都有自己的信用体系. 创业邦，http://www.cyzone.cn/a/20140530/258418.html，2014.5.30.

要能让员工看得到，这样他们才会对股权激励有信心，愿意参与进来。这样一来，也能提升员工在股权激励方面的参与度。

梦想共有是股权激励成功的前提

经营一家公司，需要关注哪些要素？有人会说现金流，有人会说利润成本，这些因素我们都听得多了。在这其中，有一个关键要素往往被大家忽略，那就是梦想。

梦想，是一个听起来虚无缥缈的词，但是它的力量却能让一家企业生，也能让一家企业死。什么叫企业？从拆字法的角度来说，企业的“企”字上面是个“人”字，下面是个“止”字，也就是人要停下来一起去拓展一份事业。而企业就是把一群平凡的人聚集在一起做一件不平凡的事情。虽然企业中一个人的梦想所带来的力量是渺小的，也势必无法支撑企业创造更大的价值。但众多人的梦想聚集起来，就成了至关重要的一环，足以成为企业腾飞的驱动力之一。

而梦想共有，也正是股权激励成功的前提。许多人都知道要去做股改，也非常积极地在尝试。但他们不知道，股改有一个成功的先决条件——在抓住股或者钱之前，先要抓住人心，要把人们的梦想都凝聚起来。

梦想和股权，一个是精神层面，一个是物质层面。后者就如同将前者实体化，展现在员工眼前。人们总是对可以看得见的目标抱有更大的希望，股权激励正是顺应这种心理而生的产物。

我在经营公司的时候，始终坚信一件事，那就是梦想有多大，价值就有多大。股权激励的最终目的，也正是为了让企业实现价值最大化。

企业家经营企业，首先要做的就是向员工“售卖”梦想，激励员工一起为这个梦想奋斗。企业梦想的驱动力，是从个人到团队再到机制和文化的。而所谓股权激励，就是将一个人或者几个人的梦想变成一群人的梦想！

有人也许会问，与其这样，为何不直接实施股权激励，何必要跟员工谈梦想呢？毕竟，从思想上向一个人传输梦想实在不是件容易的事。这个时候，就要反问一句，若没有这个梦想，我们实施股权激励又会遇到哪些问题呢？

可以想象一下，如果企业仅仅是实施股权激励，而忽略了梦想的共有，就简单地变成了利益上的捆绑，却没有情感上的纽带。一个员工，为了每年的分红和增值而进行的，只是肉体上的努力，而非精神上的自燃。我们都知道，一个人精神力上的潜力是无限的，用梦想将自身与企业的梦想“绑定”，所能激发的能力绝非肉体的拼搏可比的。

若仅仅注重股权激励而忽略梦想，就好像是丢了西瓜捡了芝麻，与我们实现价值最大化的终极目标并不相符，整个股权激励也可以说是不成功的。

经邦咨询里的员工每天都会念诵“五感恩”的箴言，其中最后一句是“感恩经邦让我成长”。每日重复，令员工们在情感上意识到公司对于自己的重要性，同时也能保持时时上进的心态。而公司奉行的家人文化，更是把员工与员工、员工与公司之间的距离都拉得更近了。梦想这种无形的力量，变成了一种可传递可复制的精神动力。

你会发现，一个真正意义上和公司同呼吸共命运的员工，和那些只因为金钱才努力的员工，是不可同日而语的。

把梦想的重量落到员工身上，就能助推股权激励，实现预定的效果，因为凝聚共有的梦想正是股权激励成功的前提。

在分钱聚人之前，要先将梦想复制给你的员工。股权激励是个长期的过程，在长征开始之前，军心先要统一起来。

从利益共同体到命运共同体，和谐企业正在构建

企业与员工的关系是什么？是雇佣关系？是合作关系？还是利益关系？

在大多数人的眼里，员工受雇于企业，在企业领导人的带领下，创造实实在在的经济效益。没有企业，没有把握大局的企业领导者，就没有员工的基本生活保障，也没有员工价值的挖掘。然而对于企业来说，没有员工的辛勤付出，没有团队的合力向前，企业不可能发展得这么快，这么有规模，企业的价值也不可能提前实现并有无限扩大的可能。由此可以得出结论，企业与员工构成了一种利益共同体关系，在利益上相互成就，在价值上相互体现。

企业发展了，员工最直观的感受是工资拿得多了，物质生活大大提高了。然而，物质生活的改善只是拥有幸福的第一步。在无止境的物质追求过程中，人们常常会迷失自我，找不到幸福的踪迹。其实，真正的幸福更多地来自精神层面。如果企业与员工的关系只停留在利益共同体上，将来一定会有分崩离析的一天。

那么，老板与员工的关系应该是什么？看完下面这则寓言，你也许会有更新的理解和认识。

鸬鹚从河里叼住一条鱼。鱼说："你如果肚子饿，我宁愿让你吃了。可你辛苦半天，结果自己只能吃一小部分，大部分都被你的主人拿走。而且你的主人在你捉鱼时怕你吃了，还用铁丝勒住你的喉咙。太残

忍了！”

鸬鹚听了，毫不动心地说：“我不会上你的当！虽然我现在捉的鱼多，吃的却少，但到冬天，江河封冻，我捉不到鱼时，主人还照样喂养我，我才不至于饿死！”[1]

在鸬鹚与鱼的寓言里，鸬鹚为主人捕鱼，主人用鱼获取经济利益，给鸬鹚喂食部分鱼肉，主人与鸬鹚各取所需，理所当然地构成了一种利益共同体的关系。但当鱼告诉鸬鹚真相——主人利用它获取大部分利益而自己只能有限地获取口粮时，鸬鹚的回答着实让主人觉得温暖。鸬鹚并不冷漠地认为它和主人的关系仅仅是利益共同体，而是感恩地认为主人和它还构成了更高层次的命运共同体关系。鸬鹚虽然付出得多，得到的少，但主人不仅照顾它的现在，还对它的未来负责。

其实，当企业领导者把企业与员工的关系从利益共同体提升到命运共同体时，和谐企业正在逐步构建。和谐不是不承认劳资矛盾，而是命运共同体关系化解了双方的矛盾。

例如，有些企业已经通过员工持股，让员工共享企业发展成果，让员工的身份认同感从单纯的雇员转变成企业主人翁。同时，企业还推出各种员工关爱计划，如提供员工购房免息贷款和家人健康体检、定期举办亲子活动、建立子女教育基金等。员工的工作积极性也因此大大地提高了。

所以，在我看来，要让员工与企业同呼吸、共命运，在成为利益共同体关系的同时，还需打造命运共同体。这样，和谐的企业才能建立起来，企业发展所需的人才才会纷至沓来，企业也因此能在未来爆发出强

[1] 学会与老板共进退，多少人能懂. 秦皇岛岛民网，http://www.daomin.net/post/zhaopin/zhichangzixun/174953x.html，2014.7.18.

大的生命力，奔赴更远的征程。

资本市场的“折桂效应”

从辩证的角度看问题，股权激励是一种利他的利己主义。老板实施股权激励这种利他行为，往往还会附带一种更深层次的利己目的，那就是成为资本市场的宠儿。资本市场有资本市场的规则，作为老板，如若不懂，便无法成为资本市场的弄潮儿。这个规则就是：在资本市场当第一，至关重要。

试问下，第一个发现美洲的人是谁？第一个登上月球的人是谁？第一个拿金牌的中国人又是谁？也许你都能答得上来，他们分别是意大利航海家哥伦布、美国星际航行员阿姆斯特朗和中国运动员许海峰。那你知道第二个发现美洲的人、第二个登上月球的人、第二个拿金牌的中国人分别是谁吗？

也许你要想很久都答不上来。这是为什么呢？因为人们只记住第一名。从中可以看出，第一名和第二名在相同的评价体系里只相差一点点，但他们创造的价值却可能差了十万八千里。这就是所谓的“折桂效应”。例如，博尔特在伦敦奥运会上跑了第一名，表面上他只比第二名快了那么0.01秒，但第二名可能一辈子都赶不上他。

所以，从某种角度来看，冠军和亚军的差距很可能是一辈子，而成为冠军可能是亚军一辈子的追求。就价值回报来讲，冠军是亚军的N倍。在西方，作为企业的“冠军”CEO被认为是稀缺的人力资源，其价值远远高于其他人。例如，按照西方方式获取报酬的联想CEO杨元庆，其2012年年薪约9000万元人民币，但其副手也就800万～900万元人民币，差距多达10倍。[1]

在资本市场上，同样有这样的道理。第一个上市的企业，就可以占据有利的位置，获取丰厚的价值回报。第二个上市的同类企业，如果没能比第一个上市的企业好很多，同等条件下，其股份就很难卖出去。

例如，在上海，有一家叫做土豆网的视频网站，它原本可以成为中国第一家上市的视频网站，却被一场“天价离婚案”拖累。悲情人物土豆网前CEO王微，成为继蔡达标遭遇上市前夜骤变后，另一位遭遇“离婚劫”的企业家，股权虽然夺回来了，却错过了上市的最佳时间。广州日报就曾评论道：“从土豆网的例子可看出，不少企业家挺过了创业初期的艰难，解决了商业模式的困顿，挨过了数轮融资的洗礼，却被婚姻破裂扼住咽喉，痛失企业发展良机。”

2009年9月，土豆网前CEO王微和前妻杨蕾便开启了离婚大幕。2010年11月，上海徐汇区法院开始冻结王微名下3家公司的股权，其中包括其所持有的上海全土豆网络科技有限公司95%的股份。而仅在此前1天，土豆网刚向美国证券交易委员会递交了上市申请，拟以红筹形式赴纳斯达克上市，最多融资1.2亿美元。公司股权的冻结意味着土豆网的上市申请只能被迫推迟。2011年6月24日，王、杨二人的离婚赔偿最终达成协议，王微付出总计700万美元的现金补偿。错失良机的土豆网虽于2011年8月上市，但市场早已今非昔比，股价持续下跌。[2]

由于王微和杨蕾的离婚案拖了半年之久，期间优酷网抢在了土豆网之前上市。等到土豆网上市时，优酷市值已经高达27亿美元，几乎是土豆网估值的3倍。而王微在赔完前妻杨蕾700万美元后，其对土豆网的投

[1] 联想CEO杨元庆年薪9000万成中国内地打工皇帝[N]. 南方都市报，2012.6.5.

[2] 离婚有风险 老板须谨慎[N]. 晶报，2012.9.11（第27版）.

票权锐减，接着土豆网就被优酷网并购了。王微在资本市场上上演了一幕悲情上市剧。[1]

不难得出结论，对于业务同质化的公司而言，谁先上市便意味着谁能够获得行业的领导地位。对于热衷"折桂效应"的美国人而言，一个行业中第一家上市的公司总被认为是行业的龙头。此前，同为在线旅行代理商，首先上市的携程网永远压过竞争对手艺龙网而占据行业第一的位置。同为户外广告代理商，分众传媒先于聚众传媒上市，从此压过聚众传媒而成为行业霸主。类似的例子不胜枚举。[2]

事实一次又一次地证明，资本市场的"折桂效应"果真不能小觑。因此，企业家必须要记住，成为资本市场的第一名，其价值和地位远非第二名所能媲美。

---

[1] 土豆条款：王微因离婚诉讼而坐视上市良机使得"土豆条款"一说在PE界悄悄流行起来。据《经济观察报》报道，"土豆条款"的说法最初源自上海PE业界人士朱威廉的一条微博："听说最近不少PE试图在SA（股东协议）中增加条款，要求他们所投公司的CEO结婚或者离婚必须经过董事会，尤其是优先股股东的同意后方可进行"，此人为上海暴雨娱乐公司首席执行官，与王微并不相识。王微本人看到这条微博后，添加了一句精辟的注解，"前有新浪结构，后有土豆条款，大伙儿一起努力，公司治理史上，留个名。"

[2] 薛中行. 土豆网王微"退休"始末（三）. 新浪博客，http://blog.sina.com.cn/s/blog_ada0707d0101a15c.html，2013.8.6.

第五章◉硅谷咖啡与中国茶

好的股权激励模式是股权激励方案成功的一半，而适合自己的才是最好的，犹如西方人爱喝咖啡，而东方人爱喝茶。经过了多年的积淀，东方西方在股权激励方面都有着典型的模式，西方看重公司的高成长性，更倾向于股票期权；而东方则更喜欢分红，喜用身股或干股。对于一个企业家来说，到底选择“硅谷咖啡”还是“中国茶”，还应视乎企业的具体情况而定。

《圣经》中的股票期权

首先来讲讲股票期权，这种模式就是给员工的一种权利，让他在未来能以某一固定的价格买进一定数量的股份。

关于股票期权，我们可以通过《圣经》里的一个经典故事来理解。

《圣经》中记载的以色列先祖雅各，投奔到他的舅舅拉班那里之后，遇到了舅舅美丽的女儿拉结。雅各对这个漂亮的表妹非常喜欢，一心想要娶拉结为妻。

雅各在舅舅家待了差不多两个月。在这段时间里，他每天都很勤劳地干活，让拉班非常赞赏。拉班于是就跟他说："你虽是我的外甥，怎么能够白白服侍我，为我干活呢？请你告诉我，你想要什么报酬。"

雅各趁这个机会，赶紧把自己心里的话告诉了拉班："舅舅，我爱小表妹拉结，我想娶她为妻。舅舅，您若同意，我愿意服侍您七年。"他这么一说，拉班就在心里盘算了一下，女儿早晚都要出嫁，多个能干的长工为自己白干7年活，何乐而不为呢！于是就爽快地答应了。

心里想着美丽的拉结，这7年对雅各来说短如7天。在这段时间里，雅各一直为舅舅拉班牧羊，他为人聪明好学，又勤奋细致，帮助拉班把羊群增加了好几倍，让这个舅舅成了当地的大户。

7年后，到了约定日期，雅各满心欢喜地去找舅舅兑现承诺。舅舅也满口答应。可是到了成亲的那天，事情却和想象中的不一样了。雅各黑灯瞎火地和新娘子入了洞房，第二天一大早却发现枕边人根本不是拉结表妹，而是她的姐姐利亚。

事情的真相是，世故的舅舅拉班用了一点小伎俩，他把自己相貌平庸的大女儿利亚代替漂亮的小女儿嫁给了雅各。

雅各不愿意了，他追着拉班问为什么。拉班告诉他，他们这儿有个规矩，大女儿还没嫁人，小女儿不能出嫁，让雅各再为自己干7年活，这样他就把女儿拉结嫁给他。试问，吃了一次亏，雅各还会再答应这个舅舅吗?

答案是肯定的。不过雅各是个聪明人，吃过一次亏后也提出了自己的要求——他怕拉班又反悔，就跟舅舅说：“我愿意，不过你得先把拉结嫁给我，与我同房，我才给你再干7年。”

就这样，拉班用一个漂亮女儿，换来一个得力助手14年的忠诚，还顺带把自己不怎么漂亮的那个女儿也嫁了出去。这里的婚约，就像是能看到的盼头，正是有了能和拉结结婚的念想，雅各才会愿意为他舅舅努力干活，创造财富。而我在开始时提到的股票期权，就能起到这种类似盼头的作用。

股票期权是一种权利，权利这种东西听起来总是很美好的。人人都想享有权利又不想尽义务，但现实情况是，在你有了这个权利之后，你往往不由自主地就尽了你的义务。拉班给了雅各娶美丽表妹的权利，而雅各为此放了14年的羊。

同样的，作为企业家，你给了你的员工一种权利，他就会心甘情愿为此付出某种代价。从这个层面上来看，股票期权虽是权利不是义务，却能给企业家带来比强制性要求更好的效果。

从员工的角度来说，我们大家都是“牧羊的雅各”，人人心里也都有属于自己的“拉结”。因为有盼头，心理上觉得轻松，干起活来也没那么累，就算是7年也觉得像7天那样容易度过了。从这一点上看，股票期权无疑提高了员工工作的积极性和热情。

像《圣经》中记载的那样，前7年，雅各带着对表妹拉结的憧憬牧羊；后7年，雅各和妻子一起幸福地生活在一起，家庭美满、事业有成，舅舅拉班的事业也愈发蒸蒸日上。

同理，股票期权也一样，员工带着对期权获取差额收益的憧憬努力工作，行权的时候，员工就能获取梦寐以求的真金白银，这笔收益既给员工带来成就感，也能让员工的家庭更加殷实，同时企业也获得了突飞猛进的发展。

有人会问，股票期权是不是具有欺骗性质呢？当然不是，股票期权绝不是朝秦暮楚、望梅止渴，这种权利一旦通过书面授予，就受到了法律的保护。所以，企业家答应了给员工的权利，最后一定要给，激励才能奏效。

咖啡中的期权——星巴克的咖啡豆股票计划

相信稍稍了解流行文化的人，都不会对星巴克这个名字感到陌生。作为世界知名的咖啡巨头，这是一家卖出咖啡、回收文化的公司。

售卖咖啡，并不是一件高附加值的事情，但星巴克不仅在这一行里生存了下来，而且成功地将一杯简单的咖啡变成了一种浓浓的咖啡文化。这里面的奥秘，与它曾经进行过的股权激励有不小的关系。

如同我在前文中提到的那样，股票期权是一种常见的股权激励模式，目前很多国内A股的上市公司和西方的公司都大量采用这种模式，而星巴克所采用的，正是这种制度。

星巴克的崛起，颠覆了一个市场，也创造了一个奇迹。有很多人都想知道为什么这样的一家劳动密集型的公司能够在战后的美国快速成长。它卖的不是微软序列号，不是英特尔芯片，没有任何高附加值。它出售的仅仅是一杯咖啡，甚至连咖啡豆和咖啡机都不是它的，连卖咖啡的房子也是借来的。

深入探究才发现，其成功的核心就在于，星巴克创造了一种制度——用股票期权制度来做它的核心激励。由于美国高昂的人力成本，星巴克选择聘用大量的兼职员工。

这样做无疑可以节省下一大笔费用，但同时也带来了另一种麻烦——员工的流动性大。每招聘一次兼职员工，都需要公司付出相应的培训成本，对员工的控制力也不足。

星巴克这时遇到的问题，和当下国内的很多餐饮企业一样：人很难招，招来的员工很快就走了。

为了解决这样的问题，星巴克使用了股票期权激励的方式，将流动性的员工变成一个长期稳定的流动性员工。它规定只要每周在星巴克干上20个小时，并且被星巴克连续雇佣90天以上就可以获得一份股票期权。[1]由于有了股票期权的诱惑，员工的稳定性就增强了。而且，随着公司的上市，员工还能在股市上拿钱。

通过这样一种机制，星巴克成功地锁住了员工的心，也在公司内部建立起了属于自己的咖啡豆文化。很多员工对待工作的态度开始有了转变，他们认为自己也是公司的合伙人，有着某种被赋予的权利。对待顾客的态度变得更热情了，工作中也开始不断地思考改良、进步，每个人都从心底里想着，要怎么样才能让公司发展得更好。

星巴克利用股票期权激励制度，实现了凝聚人心、塑造企业文化的目标，将公司打造成了一个成功的咖啡文化符号。

看完这个例子，相信大家对股票期权的理解也更深刻了一些。股票期权，是一种盼头，并且，这种模式的成本比较低，可能实现全员或者大部分员工的持股。但是有一点要注意，股票期权本身并没有分红权，

[1] 惠正一. 星巴克面向中国员工发行股票期权[N]. 第一财经日报，2006.12.19.

即便是行权，变成股东以后，也没有分红的权利。它所享有的，实际上是一种增值的空间，是对公司未来发展的期望。因此，星巴克的员工在得到了股票期权之后，会对公司的发展更加上心，因为只有公司发展好了，增值了，他们才有可能得到更多的回报。

借助股票期权的凝聚力，星巴克实现了从售卖咖啡到创造文化的跨越。在西方的股权激励中，这种大规模激励员工的现象比较普遍，有不少公司都是利用这样大范围的股改赢得了员工的忠诚，实现了企业发展的腾飞。

咖啡还是茶——寻觅中国式股权激励

星巴克在美国的成功，是有代表性的，同时它也是将股票期权制度扩展到兼职员工的第一家公司。除此之外，诸如微软和其他的一些硅谷的互联网公司，也采用过这种大规模的激励方式。

有人一定会感到疑惑，为什么在西方股权激励可以是如此大范围的，而在中国却往往成为少数人所拥有的稀缺品呢?

首先，让我们来看看西方式股权激励的特点。在之前星巴克的例子里，大家应该都看得出来，西方和我们最大的不同，在于激励模式——他们通常采用的是股票期权制，而我们则更倾向于分红制度。

这种股票期权制有个好处，形象点说就是“公司请客，市场买单”。也正是因为这种制度成本较低，所以才能做到大范围甚至全员激励。举个例子，即便是苹果公司这样赚得盆满钵满的公司，时任CEO的乔布斯也没有给公司的股东分过一分钱红利。别人问乔布斯你为什么不分红，乔布斯告诉他们，把股东的钱用好而不是把股东的钱分给股东，才是对股东最大的回报。

同样的例子，还有微软公司。微软自1986年在纳斯达克上市以来到2003年间连续17年没有分过红，比尔·盖茨曾经说过："我们的公司离破产永远只差18个月。"公司时刻有这样的危机感。账面上的钱虽然多，也难免会因为突发事件而急需用钱，因此要高度警惕，不能分红。类似于微软、谷歌这样的高科技公司坚持不分红，是因为他们觉得资金紧张，钱要用在刀刃上。

对比一下中国和西方，尤其是美国，会发现他们不强调分红而强调股票期权，而中国从明清时期就有了分红制度（最典型的例子就是山西票号）。美国的激励理念与我们是颠倒的：一个人留下并不是因为他得到的钱很多，而是因为他得到的钱少，他得到的钱越少，付出才会越多。美国人认为，一个人对一件事之所以有感情、有责任心，是因为他付出太多，而不是他得到太多。就像父母对子女的爱，是子女对父母的孝顺所无法比拟的。

其实东西方股权激励模式的不同，和东西方思想差距、历史渊源有很大关系。基于多年对东西方股权激励的比较研究，我认为，中国历史上的股份制，比较强调企业的内源价值增长，以分红、利润分享为主，体现了和谐成长的东方智慧。而西方式的股票期权更强调"公司请客，市场买单"，强调企业的外部资本市场价值，力图把一个企业的激励成本转嫁给外部投资者。在西方模式之下，容易产生利用股权激励工具来掠夺资本市场中小股东和投资人财富的行为，诱发类似安然公司丑闻等一系列事件。

如果说西方式股权激励是咖啡的话，中国式股权激励就是茶。喝咖啡还是喝茶，在这时候不能全凭自己的喜好，更应该根据中国企业自身的特点来选择。

老字号的股权智慧

说到中国式股权激励，就不得不提闻名中外的山西票号。在讲课的时候，我会经常给学员们放映电视剧《白银谷》中的片段。这是一部非常精彩的电视剧，情节曲折紧凑，演员也不乏俊男美女和实力派老戏骨。但这部电视剧真正吸引我，而且让我有冲动要和学员们分享的原因是，它全景式地再现了晋商望族的商业活动，还原了晋商票号特有的经营模式，其中对于身股制的刻画细致入微，如临其境。

身股制可以说是晋商崛起的重要原因，也是晋商留给后人的重要精神财富。它有效地解决了财东与掌柜之间委托—代理的矛盾，使票号的出力者也如出资者一般将票号的兴衰视为与自身休戚相关的事业，从而创造了山西票号[1]的辉煌与繁荣。

晋商的身股制是一个非常独特的创造。在票号的股份构成中，除了出资人的银股外，还有掌柜阶层和资深伙计持有的个人身股。这样人和字号之间就形成了一种“有钱的出钱，没钱的出力”的合伙关

---

[1] 山西票号，又称汇兑庄或票庄，是一种金融信用机构。山西票号的身股制，又称顶身股制，是山西票号中一种特有的组织管理及利润分红制度。山西票号中的利润分配一般可大致分为三种：银股、身股和财神股。银股是指财东（出资人）在立合约时的股资。如资本20万两，每万两为1股，共为20股。身股则是票号中的掌柜(经理)以及资历深又有功劳的伙友(职员) 的报酬，也以“股”的形式分配。财神股则类似于现在的公积金，只存账一次。比如最新的一次账期财神股可得分红一万两，到下届红账结算时，就把这一万两分了。

系。东家出银子，掌柜和资深伙计不需要出一文钱，只要凭自己的智慧和劳动就行。同时，身股具有负盈不负亏，只有收益，没有风险的特性。本质而言，身股是一种不出资就可获得的干股，一种纯收益的股份。

身股制的魅力在于它层次分明，体系完整，激励着掌柜和伙计们努力提升自身能力和经营业绩。身股的一俸相当于银股的一股，一股分十厘。一般大掌柜顶一俸，二掌柜以下到资深伙友，根据工作年限和表现分别顶九厘以下的不同等次。从一厘至十厘是十个等级，从一厘半至九厘半是九个等级，两者合计共十九个等级。

身股每一个账期（4年）分一次红。这种做法一方面节约了合账成本，另一方面避免了人的短期行为。身股也有其独特的退出机制：人在身股在，一旦离开票号，身股不能转让，随即便自动取消。同时，为防止大掌柜的短期行为，山西票号还规定大掌柜退休后仍可享受若干年的红利，但如果大掌柜举荐的接班人不称职，则大掌柜的身股红利要相应减少。

此外，总号在每年决算后，依据纯利润的多少分给各分号掌柜一定金额的损失赔偿准备基金，称为“花红”或者“护本”，此项“花红”要积存在号中，并支付一定的利息，等到分号掌柜出号时才给付，这样不仅可增强其风险意识，而且一旦出现事故，分号掌柜也有一定的资金可用以填补损失赔偿之需。

在山西票号中，无论是否顶上身股的员工，这种层次分明的激励机制都极具诱惑力，以至于在各票号中都流行着这样的一句话：“薪金百两是外人，身股一厘自己人”。因此，在上述富有特效的身股激励机制下，山西票号自掌柜至伙计莫不殚精竭虑，视票号兴衰为己任。

从时间上来看，晋商的身股制却比西方的股权激励早了150年左右。可以说，股权激励并非西方的舶来品。而且，身股制不仅具有与西方股权激励制度相同的功能，如降低代理成本、激励管理层、增加企业资本等，还体现了老字号独特的股权智慧：长达终身的持股期限，将激励效果推向最大化；持股受益人遍布整个票号大小职员，利益一体化后，监督成本也大大降低。[1]

身股制的现代化演绎

说起连锁企业，我们会想到美容业、餐饮业、地产业、商超业、药房业等等。其中美容业直营店中最容易出现店长出走、自立门户的现象，给自身企业带来极大的损失。因为美容业直营店的核心竞争力是既懂技术又懂管理的店长，而且店长自立门户的成本和风险也相对较低。店长一旦出走，还可能带走一批客户，连锁企业就很难发展壮大。对于总店老板来说，如何留住各直营店店长成为美容连锁企业老板需要考虑的头等大事。

当某美容连锁企业总店老板向我诉说其企业发展瓶颈时，我给她分析了一下，这个行业的最大问题不在于老板间的博弈，而在于和店长间的博弈。店长一出走，外部矛盾就产生了；店长留下来，存在的不过是内部矛盾。所以，美容业的经营思路应该是建立创业平台而非竞争平台。要践行这种经营思路，老板首先要破除和店长之间简单的雇佣关系，而是通过给店长分红打造出一种相互成就的关系。

---

[1] 周向华. 晋商身股制对现代企业股权激励制度的启示[J]. 现代企业，2012(5)：82−84.

众所周知，直营店的定位通常是收入中心，店长的薪酬是由总店发放底薪加提成而来。在这种简单的雇佣关系里，店长很容易因为收入问题冲动性地选择跳槽或自立门户。如果老板的选择从发工资转变成分红，直营店的定位也会发生变化，即从收入中心转变成了利润中心。这样一来，店长既负责收入又负责成本，利润越多，分红越高。这就是当时我为该美容连锁企业总店老板提出的“小老板计划”。

一开始，老板还担心，利润都分出去了，总店的利润会大幅减少。于是，我和老板进行了深入的沟通，告诉她，作为老板，不能简单地看眼前的利益，而要站在企业价值的高度看问题。

分红这种方式一方面可以留住店长。想想看，店长出走，自立门户也非常不容易，不仅需要自己出钱经营，而且也会遇到有能力的下属跳槽或自立门户，陷入一场无休止的恶性循环中去。对比下来，店长肯定会选择留下来，既不用出钱，还能拿到高额分红。由此看出，忠诚是一种选择，关键在于有没有用对激励机制。

另一方面，分红可以让单个直营店的利润比以前还多。当店长从雇员变成小老板后，会非常注重成本的控制，工作的积极性也会被激发出来，利润绝对会发生很大的变化。

同时，我还建议老板让店长培养储备店长，并让他们从储备店长培养工作中获取相应的利益。有了储备店长队伍的建设，企业发展的人才问题就轻而易举地解决了，新的直营店就能开起来，连锁企业的规模也就上去了，利润就会如滚雪球般越滚越大。

总店老板按照我的思路实施后，很多自立门户的店长又回流到自己的企业里，直营店的规模也从十几家开到了几十家，为自己创造更多的利润，企业价值也翻了好几番。

同时，我们也可以看到，“小老板计划”加“师带徒模式”的股权激励方案让连锁企业的战略定位发生了裂变，塑造出一个新的价值点，而且通过师带徒的机制快速复制，走上了规模发展的快车道。

其实，我这套“小老板计划”加“师带徒模式”的股权激励方案脱胎于晋商的身股制，并得到了现代化的演绎，造福了众多连锁企业。

华谊：拿什么挽留你，我的周迅？

“21世纪，什么最重要？人才！”这是《天下无贼》里的一句台词。而打造出《天下无贼》的影视传媒集团华谊兄弟也深知，人力资源是其核心竞争力，产品盈利性与员工灵感、主人翁感等息息相关。因此，华谊兄弟董事长王氏兄弟（王中军、王中磊）早在公司上市前的两年里，就给了他们的员工认购原始股的机会，以吸引并留住众多导演、艺人及管理团队负责人。

华谊兄弟2009年在创业板上市后，其推出的股权激励方案瞬间催生出众多亿万富翁，其中最值得称道的莫过于黄晓明的精明补仓。黄晓明错过了2007年每股0.53元的原始股认购机会。到2008年，认购价提高到每股3元。尽管如此，黄晓明凭借着他对华谊兄弟的高度信任，共花了540万元一口气认购了180万股，成为仅次于王氏兄弟、导演冯小刚、张纪中的最大持股股东。最后证明黄晓明是艺人中最大的赢家，享受了最丰盛的股权激励盛宴[1]。

---

[1] 近年来，涌现出了很多明星股东，如赵薇入股阿里影业，孙俪入股海润影视，陈鲁豫入股能量影视。更有甚者，一个明星入股多家影视公司，如孙耀琦入股了欢瑞世纪和长城影视。明星们通过资本市场获得的收益，多的达到上亿元，少的也有上百万元。

与黄晓明形成巨大反差的是曾经的华谊一姐周迅。在王氏兄弟的两次劝说下，周迅依然选择放弃认购权，没有入股，也因此在这场盛宴中一无所获。而周迅对外界道出的理由是：“股票这个东西，我实在不懂，不懂的东西我不敢乱碰，我至今都没炒股。”

在华谊兄弟以股权留人的这个案例中，黄晓明和周迅是两个极端人物。一个赚得盆满钵满，一个无处话凄凉。此时，我们不免对周迅的境遇表示扼腕叹息。

周迅是典型的风险规避型理财者，属于因对股权激励认知接近为零而导致对股权激励持怀疑态度的人群。公司原始股认购的股权激励方案对她未能达成效果，这说明这种股权激励模式尚且不适合“周迅们”，误用可能会导致财未散，人已散。

那么挽留住“周迅们”的最佳方式是什么呢？答案是股票期权激励。为什么是股票期权？实际操作的时候，又该注意什么呢？

如前文介绍的一样，股票期权是一种权利，企业所有者与经营者约定好期限，让经营者可以以某一预先确定的价格购买一定数量的本企业股票。股票期权既有较强的长期激励作用，又有较好的约束作用。一般来讲，公司都会选择那些对公司未来成功非常重要的成员作为激励对象。

当时的情况是，周迅是华谊一姐，她的一举一动，都会给公司带来牵一发而动全身的影响。但问题是周迅需要一段相当长的考虑时间来确定是否入股。股票期权的特性是强调未来可以将管理者的利益与投资者的利益捆绑在一起。所以，能够留住“周迅们”这种绩效高、能力强的核心员工，同时还能预防竞争对手挖走核心员工，我想股票期权最合适不过了。

具体到周迅，王氏兄弟当时应该换一个口吻去讲，兴许能留住周迅。他们应该告诉周迅，“不管你将来什么时候问我要股票，我都按3元钱一股卖给你，别人一律不卖。我已经锁定入股价格，即使股价涨到50元，你入股的价格也是3元钱，涨到80元也是3元钱，不为别的，只为你小周这个人。”试想如果王氏兄弟是这样一种态度，周迅还能跑吗？

但是王氏兄弟需要向周迅强调的一点是什么呢？因为周迅毕竟没有出钱，也没有买股份，所以当她想行权的时候，必须分批买入行权，不能一下子行权然后就走。

这个分批时限该如何设置呢？一般分四年左右，短的话三年，长的话五年。比如说，我给你100万股，你只能分批行权，每年行权25%。你行权的时候按照约定价格3元钱一股，买入价值80元钱的股票。你明年还可以行权，还是3元钱一股，到时候股价也许涨到90元钱了。依此类推，你每行权一次就可以获取相应的收益，而且一次比一次多。

那么，我们可以看到，在这样一种激励模式下，如果周迅行权了25万股，就离开了公司，就会自动丧失后面的份额。后面的份额没了，她干嘛要走呢？她在公司每多待一年，就可以行权25万股，股票价格有可能水涨船高，存在较高的获利空间。所以，对周迅来说，多待一年是有回报的。如果去创业，去别的公司，她不一定能有这样的回报。[1]

---

[1] 薛中行. 股权激励之期权——简评华谊兄弟的股权激励计划. 新浪博客，http://blog.sina.com.cn/s/blog_ada0707d0101cduf.html，2012.12.5.

股商越高，越能抓住股权投资的机会

相信大部分人都听说过智商、情商，却第一次从经邦咨询的老师们口中听说“股商”这个概念。其实，我们所说的“股商”就是人们对股权价值的敏感意识指数。而天使投资人就是股商比较高的一类典型人群，他们能敏锐地发现和挖掘出一个初创公司的股权价值，从创始人处得到原始股，并从公司上市中获益，而这种收益甚至是超乎常人想象的。

还记得我们之前提到的华谊造富神话吗？颇具商业头脑的黄晓明独占鳌头，成为股权价值回报最多的艺人，而完全不懂股票的周迅只能成为造富神话中的局外人。两者的差距就在于股商的高低了。识得股权价值，方为有股商。在股权尚未爆发能量时，越早意识到股权的价值，股商就越高。

如果有一天，老板想给你股权，你的反应会是怎样？一位叫做大卫·乔伊的涂鸦艺术家是这样做的。在他为Facebook总部装饰完墙壁后，马克·扎克伯格问他报酬是用几千元美元的现金，还是等值的Facebook股票来支付时，他选择了酬劳等值的Facebook股票。结果，其手中的原始股在Facebook上市后暴涨至2亿美元（约合人民币13亿元）[1]。而聚美优品的实习生在面对老板抛出的股权时，还是毅然决然地放弃股权，离开公司，结果与1.5亿美元的财富失之交臂[2]。谁是拥有股商的那个人呢？是为Facebook总部装饰墙壁的涂鸦艺术家，还是聚美优品的实

[1] 方海. 美籍韩裔艺术家给Facebook涂鸦几面墙，或坐收13亿[N]. 新快报，2012.2.4.

[2] 聚美实习生与5%股份擦肩而过，那可是1.5亿美元. 格局会，http://sh.qq.com/a/20140708/010997.htm，2014.7.8.

习生？结果一目了然。

那么，我们如何判断一个人的股商高不高呢？看完接下来的案例，你就能自行判断了。

在互联网巨头BAT中，马云、马化腾这二马各自创立的公司阿里巴巴和腾讯，不可谓不伟大，公司上市后所爆发出的股权价值不可谓不惊艳。识得股权价值的投资者们，凭借敏锐的眼光，以先发的时间优势，以较小的成本分到了丰厚的股权收益，不得不赞叹他们的股商之高。

我们先来说说阿里巴巴。1998年，阿里巴巴成立的时候，十八罗汉纷纷响应，凑出了公司的启动资金50万元，各自占了一份不同比例的原始股份。到了2014年，阿里巴巴集团成功地在纽约上市，上市当天就成为了一家市值超2000亿美元的中国互联网公司。细算下来，阿里巴巴从创业时只有50万元人民币注册资本的价值到上市首日2000多亿美元的市值[1]，企业的价值增长了200多万倍。而这十八罗汉，每个人都凭借拥有的原始股成为了亿万富翁。

当然，他们不是阿里巴巴上市唯一的获益人，在阿里巴巴成立到整体上市的这段时间里，还有很多机构、个人，包括软银和很多阿里巴巴的员工都投资了阿里巴巴，他们都从阿里巴巴集团的上市中获得了巨大的收益。

接下来，我们再说说腾讯。1998年，马化腾创立腾讯的时候，只有7台电脑、几根电话线。经过3个月开发出的OICQ系统终于可以上市，但服务器托管问题一直无法解决，于是，马化腾就考虑以60万元的价格出售OICQ。

---

[1] 阿里巴巴上市首日涨38.07% 市值2314亿美元. 腾讯网，http://finance.qq.com/a/20140920/000392.htm，2014.9.20.

不管是搜狐，还是新浪，甚或是润迅，都因马化腾的开价过高而选择放弃购买。最终，马化腾也没能将他的OICQ卖出去。腾讯苦苦坚持了一年以后，才终于迎来了第一笔投资。

香港的盈科动力（李嘉诚之子李泽楷旗下的公司）在2000年的时候以110万美元占20%的股份的方式投资了腾讯。在不到一年中获得1150万美元的回报，年回报率十几倍。

但李泽楷很快就后悔了，因为盈科动力低估了腾讯的成长潜力，把腾讯20%的股权出售给了米拉德国际控股集团，2004年腾讯在香港联交所上市以后，股价一路攀升，到了2009年，腾讯市值已经达到了3125亿港币，成为了一个市值400亿美元以上的巨大公司。[1]

在阿里巴巴和腾讯的案例中，我们发现，上市前阿里巴巴的早期股权投资者们是最为开心的。但对腾讯进行股权投资的李泽楷却后悔了，为什么呢？因为他低估了腾讯的股权价值，过早地售出了手中的股权。那么，我们有理由相信，那些忽视腾讯股权价值的搜狐、新浪、润迅一定悔得肠子都青了。

不容忽视的一点是，股权价值回报的最大化需要依托高股商来实现。能否越早意识到股权的价值，是否拥有高的股商，直接决定你与财富的距离。越早看清股权价值，越能以较低的成本获取股权，越能在公司的后续发展中获取越多的股权收益。相比之下，李泽楷2年20多倍的股权价值回报远比不过阿里巴巴早期股权投资者们16年200多万倍的股权价值回报，除了企业本身的价值存在差异外，还有一个因素则是获取股权的成本。

马云曾说："机会是很多人第一眼看不见，第二眼瞧不起，再后

[1] 人无股权不富——中国进入股权投资时代. 格上理财，http://www.licai.com/yuedu/201409-61775.html，2014.9.22.

来看不懂，最后追不及的东西。”随着改革的深化，中国步入了股权时代，并迎来爆发性机遇。作为身处其中的一员，你无需再艳羡别人的财富，最要紧的莫过于抓住机遇，提升股商，因为拥有了股商，就等于拥有了打开财富之门的金钥匙，而越高的股商，就意味着你越能抓住股权投资的机会。

品牌加股权，营销飞上天

一提到党的十八大以来受反腐浪潮强烈冲击的行业，很多人都会想到高端餐饮业，而作为中国高端餐饮业的黄金搭档，白酒业亦是叫苦连天，颇有一种从天堂跌入地狱的郁闷。当大多数白酒企业经受着“寒风阵阵”的侵袭时，一些高端白酒企业正试图通过转型，逆势而上。

白酒行业讲究的是文化，更确切的是品牌。对于白酒企业来说，只有选择走品牌之路，抓住行业黄金十年的机遇，才有可能在“寒潮”来临时，避免昙花一现的命运。借力品牌，实现跨越式发展的泸州老窖对此有着深刻的理解。

20世纪90年代末，泸州老窖便开始策划新一代高端品牌，以牢牢抓住中国品牌消费的重大机遇。然而，高端品牌的建立需依赖独特的商业卖点。其实，早在1996年，泸州老窖就挖掘到了一个不可复制的商业卖点——公司的泸州明代酿酒窖池被列为国家级重点文物予以保护。“国窖酒”也由此得名。有了国字号的名头后，泸州老窖通过挖掘国窖历史，传承不可复制的酿酒技艺与文化，将“国窖酒”更名为“国窖1573”，开启了白酒行业新一代高端品牌的缔造之路。[1]

[1] 四大名酒之前世今生·泸州老窖篇[N]. 华夏酒报，2012.6.20.

一个公司光有品牌还不行，将品牌落地才是王道。而将新推出的高端品牌“国窖1573”落地的那群人是谁呢？当然是经销商们了。为什么经销商们会如此卖力地销售“国窖1573”呢？答案是期权激励。具体的做法是任何一个经销商销售“国窖1573”达到一定数量时，都可以折合得到一部分期权。

泸州老窖选择给经销商期权是出于两个方面的考虑。一方面，经销商对资金周转率的追求达到了极致，对购买股份的风险顾虑也颇为浓重。另一方面，泸州老窖才上市不久，股价较低，锁定认购股价后，经销商可获取的价差空间还是较为可观的。而期权激励这种模式恰恰既能避免占用经销商们的资金，又能激励他们拼命销售“国窖1573”，通过市场业绩来提升股价，扩大价差，增加行权后的股票杠杆红利。这一举措实施以来，经销商们个个赚得盆满钵满，泸州老窖也在白酒业的黄金十年中树立起了“国窖1573”这一高端品牌。

泸州老窖通过期权激励带动经销商们将“国窖1573”的品牌价值无限扩大的案例，受到了企业家们的广泛认可。然而，泸州老窖并未停下“借股权壮营销”的脚步，为的是能尽量放大经销商们对品牌价值的推动效应。

2006年，泸州老窖公布非公开定向增发方案。方案拟发行3000万新股，发行价12.22元，将拟募集资金用于“优质酒产能扩大及储存基地建设项目”。而该方案的意义在于通过将主要的经销商纳入拟激励对象中，实现经销商股东化，助力品牌影响力的扩大。

2009年，泸州老窖又创造了“柒泉模式”，为新一轮的营销神话铺就了一条康庄大道。2009年年初，泸州老窖在重点区域市场设立股份制片区销售公司，并于4月至6月分别在湖南、四川、北京试点。该模式为：泸州老窖的区域销售人员和当地经销商共同入股，成立片区销售公司。泸州老窖通过合同对销售公司的行为予以规范和监督，经销商以资金入股后，从销售公司拿货可以获得更多优惠，在扩大自身销售时也可以获得销售公司的分红。虽然泸州老窖本身不在销售公司占有股份，但章程和相关优惠措施保证了这种模式的可持续推进。

柒泉模式被认为是中国白酒行业销售大区股份化的创举。该模式一方面将销售人员纳入销售公司管控，销售费用和管理人工等支出也就相应减少，另一方面经销商以资金入股，并支付保证金等，可以有效增加泸州老窖的现金流入。而该模式最为人称道的是，泸州老窖和经销商之间的利益捆绑，有利于实现对终端价格的管控，并能团结一批当地较有实力的经销商。同时，还有利于发挥各经销商渠道资源的合力，并防止同一区域内不同经销商之间的各种内耗，如窜货、乱价等短期行为。[1]

泸州老窖的股权营销案例还在不断地被解读与传播，甚至将来可能还会有更多的股权营销案例被创造出来。泸州老窖这种“借股权壮营销”的方式，的确值得玩味与深思。

基金持股模式，构建新型利益共同体

终端销售渠道运行的有条不紊，是生产商们共同的夙愿。在很多的实际操作中，我们看到生产商们为避免窜货、多头经销现象，在厂商一体化模式上做出了不懈的努力，包括格力空调的“区域股份制公司”、娃哈哈的“联销体模式”、泸州老窖的“柒泉模式”。万变不

---

[1] 泸州老窖柒泉模式的“破立”. 华酒网，http://www.zs88.cn/news/8214.html，2013.5.23.

离其宗，这些模式都是在构建生产商与终端销售渠道间的利益共同体关系。时下，一种新型的利益共同体关系构建模式正式出炉，即基金持股模式。

以喜临门为例，2014年2月19日晚间该公司公告称，基于对公司未来发展的信心，实现员工与企业风险共担、利益共享，除公司高管、员工以外，公司实际控制人陈阿裕还为重要加盟商提供担保进行融资，鼓励在自愿、合法、合规基础上买入或增持公司股份。

具体增持方式为，增持人将自筹资金委托实际控制人统一代收代付给托管证券公司设立"财通基金——新安9号资产管理计划"（简称"新安9号"），实际控制人在提供个人担保完成1：1.5比例（自筹资金与融资资金比例）融资之后，委托证券公司在对应托管银行监督下进行专业化投资管理。参加"新安9号"的加盟商通过实际控制人委托托管券商以不高于9.5元的均价通过上交所二级市场购入喜临门流通股股票。本期计划承诺锁定期为2年，满2年后，增持人员可以选择退出计划，退出时需一次性退出所有认购资金，不得分笔退出。

实际控制人提出公司业绩增长目标，并根据业绩目标达成情况，向所有增持人员提供不同的计划收益保底承诺。业绩增长目标为：2014年对比2013年收入增长35%，利润增长30%。2015年对比2014年收入增长30%，利润增长32%。

实际控制人承诺，在喜临门达成业绩目标基础上，所有增持人员的总投资年化收益率不低于15%（融资利息及相关手续费用由增持人员自行承担）；如果业绩目标达成，而"新安9号"收益率低于15%，实际控制人将以现金方式补偿直至所有增持人员的总投资年化收益率达到15%（融资利息及相关手续费由增持人自行承担）。如果业绩未达成目标要求，则实际控制人向增持人员承诺5%的投资本金收益率，融资利息将由实际控制人承担。

所有增持人员对于因为间接持有喜临门股份而拥有的表决权将采取内部先行独立行使表决权，再委托代表统一提交表决结果的方式进行。[1]

让经销商与公司高管及员工共同关注业绩和市值，与股东利益实现绑定是一种新型的股权激励制度设计，较之传统的股权激励方案，其优点在于不仅可以避免上市公司的费用压力，还能避免传统的限制性股票激励计划中的跨期盈余管理。再者，如果加盟商能达成业绩目标，则无需承担二级市场的风险而直接获取固定的投资年化收益，从而对加盟商产生更好的激励效果。[2]

---

[1] 喜临门实际控制人担保，鼓励高管骨干加盟商增持股份. 腾讯网，http://finance.qq.com/a/20140219/037022.htm，2014.2.19.

[2] 申银万国证券. 喜临门增持点评：管理层与股东利益绑定，实际控制人提供担保，体现坚定信心[R]. 上海，2014.

第六章◉股以稀为贵，人因才而异

童话大王郑渊洁在《最后一个鸡蛋》中生动描述了当鸡蛋变得稀缺时人类的行为表现：制定了保护珍稀动物“鸡”的法律，安排两个旅来保护这个鸡蛋，给生这个鸡蛋的母鸡饲喂最好的食物，建造豪华的住宅。物以稀为贵，股亦如此。如果企业家能将股权的稀缺性打造出来，股权的价值就能得以显现，员工的投资积极性也就随即发生变化，股权激励的效果也将大为改观。如此稀缺的股权该分给谁，则需要因才而异了。

识人用人——企业家的必修课

在企业发展当中，识人用人是一个企业家的必修课。能够将这个人看透了，才能知人善用。

可以说，选人是激励当中不可缺少的一环，而识人又是选人的第一步。在中国近代，有一位以重人、识人、取人、用人而著称的能人——曾国藩，其在任用人才方面的独到眼光值得当代企业家们学习。

曾国藩作为清廷重臣，在近代历史上扮演着中流砥柱的角色，这不仅与他个人的非凡能力有关，更与他的选人用人分不开，包括李鸿章、左宗棠在内的许多晚清名臣都曾是他的幕僚。

相传有一次，李鸿章向曾国藩举荐三个人才，恰好曾国藩不在。当他回来的时候，远远看到这三个人等在厅外，李鸿章告诉他这三人便是所荐之人。曾国藩观人入微，遥距数米之外，就将这三个人的秉性特点一一道出。

他说，这三人中背着手看墙上字画的人，机巧之心太甚。他看的不是画，而是在借画作来揣摩窥看主人的性格和喜好，与此人聊天，听到的都是你想听的。因为他心思太重，一定会投其所好。这样的人只适合当个谋士，做做幕僚罢了，不可大用。至于那个一直在椅子上正襟危坐的，纪律性很强，为人严谨，虽不能当大将，但适合做押粮官。

对于第三个人，曾国藩则明确对李鸿章表示，“脸上有麻者帅才也”。意思是说这个脸上有麻子的人是将帅之才，可重用。曾国藩看到这个人一直双目有神，不卑不亢，便知此人有才华。但是又见到这人在屋子里坐不住，在院子里踱步，就知道他性格狂傲，虽然不会得罪君子，却容易为小人所害。

后来的事实证明，曾国藩对这三个人的论断都是正确的。第一个人后来果然并无太大成就，只做了个道台。而第二个人成了一个十分尽职负责的押粮官，押运粮食从未出过差错。而那个被曾国藩盛赞的“将帅之才”正是淮军名将刘铭传，此人作战勇猛异常，升官很快，打仗视死如归。平定太平军之后，又被派到台湾，做了台湾首位巡抚。不过，刘铭传个性太强，他在台湾岛内实行的改革措施，触怒了清廷顽固派，也受到了台湾岛内一些小人的忌恨，后来刘铭传只能被迫辞官归乡。甲午战争之后，因为受不了自己付诸心血的台湾割让给日本而口吐鲜血，从此郁结难解，不久便与世长辞。

曾国藩不仅具备 “观人入微”的能力，他还惜才如命，曾说过对于每一个有一技之长的人，都断然不敢轻视。他每到一个地方，不管是和人写信还是谈天，都热切地恳求别人向他推荐人才。并且，对于所见到的人才，他也会及时记录，把所见所闻分为“闻可”、“闻否”、“见可”三类。曾国藩坚定任人唯贤，人尽其才，坚持“办事不外用人，用人必先知人”。

在人才成为他的幕僚之后，曾国藩亦极其注重对他们的磨炼和教导。对于他最为著名的弟子李鸿章，他就费了很大心思去教导他。他知道李鸿章心气高，为人处世方面不如自己沉稳，就处处对他严格要求。而在他屡遭挫败的时候，又不断激励他，用自己身上那种屡战屡败、屡败屡战的韧劲儿感染他。曾国藩对人才严加督促，言传身教，律人律己，使人才不至于因为疏于管教而“不懂规矩”。

对企业家来说，首先要认识到人才的重要性，不能随意地将一些重要的岗位交予亲人、朋友手中，要虚位以待，留给最合适的人。其次，要不断磨炼观察人才的能力，要像曾国藩那样，对人才充满渴求之心，遇到人才留心观察。最后，在得到人才之后，要懂得不断地磨炼他们，督促他们，助他们更进一步成长。

人才是企业不可或缺的财富。因此，企业家要在不断的磨炼中炼就一双识人用人的“火眼金睛”，去寻找适合自己公司的人才。

选人当学山西票号

前面的章节里，我们提到过具有股权智慧的山西票号。其实，山西票号成功的关键性要素，除了层次分明、体系完整的身股制，还包括其严苛的选人、训人及考核人的人力资源管理机制。其中选人环节是整个山西票号人力资源管理机制中最重要的基础工作。

票号里，员工要想顶上身股，先得从学徒做起。然而，要成为山西票号的学徒还得经历一番严苛的选人环节。为了降低用人的风险，票号采取了连带责任及利害相关保荐、籍贯及年龄限制，以及学徒入学考试等方式，为日后严格训练、严格管理及票号的兴荣做好了坚实的铺垫。

所谓连带责任保荐指的是学徒进入票号，必须由一位有名望的人或一家有信誉的商铺作为保荐人推荐，如果被保荐人有舞弊行为，保荐人必须赔偿损失。这样一来，保荐人一定会以客观、公正、严格的标准与眼光去判断这个人的能力与品德。

同时，保荐人还必须与总号有利害关系。按照传统观念，与自身没有利害关系的人，通常都会替人说些好话，既送一个顺水人情，又博得一个与人为善的好名声，何乐而不为。那么，这样的推荐具有多少可信度与可靠性就值得商榷了。所以，从这个角度看，山西票号规定必须有与票号利害关系的保荐人，是有一定道理的。

票号还规定学徒必须是山西人，更确切的是来自山西平遥、太谷和祁县的人，否则一概不用。由于学徒的连带责任及利害相关保荐的票号规定，导致事实上只有在票号顶有较多身股的业务骨干才有资格推荐学徒。而票号最初的业务骨干全部来自山西，因此选用的学徒也全部来自山西。其实这样的规定对票号的发展大有裨益。在当时的通信条件及人口流动条件下，非山西人不用，实则是由财东利用本地人才便于管理的特点决定的。

另外，山西票号对学徒年龄也有录用标准。他们通常选择的是14～18岁的青年男子。作出这样的规定是因为学徒年龄太小，自理能力不够；年龄太大，气质、性格已经定性，很难改造。选择14～18岁的青年男子，无疑可以达到教育成本低、效益高的效果。

为了防止被保荐人在年龄上弄虚作假，许多票号的柜房里还摆着一双铁鞋，专供被保荐人穿的，目的是让被保荐人释放有关自己真实年龄的信息。也就是说，被保荐人进号前，先得试穿这双鞋子，穿上了，才有进票号当学徒的资格。如果脚大穿不上，其他条件再好也不行。这种以鞋来衡量被保荐人年龄的做法，具有一定的合理性，原因是特定地区某一年龄段的人，其脚的大小是差不多的。

经历上述几道关的层层筛选后，学徒选拔工作还没有结束。选拔出的准学徒还必须参加学徒入学考试。考试分笔试和口试。笔试主要考察准学徒的毛笔字大小楷书，并考察其打算盘的水平，以判断其文化水准如何、心性是稳重还是毛躁等等。面试主要询问家世，观察其面相是否端庄可靠、思维是否敏捷、口齿是否伶俐、性格是否温顺和婉等等。

这种严格的选拔制度，尤其是重视学徒出身与品德的选拔标准，为票号的经营提供了组织保证，使票号在日常的经营中，很少由于员工的失职而遭受损失。[1]

[1] 薛中行. 中国式股权激励[M]. 北京：中国工商出版社，2014：54−58.

激励，因人而异

我在前面说过，梦想共有是股权激励成功的前提，你选择的激励对象，都应当是对公司核心价值观和梦想认同的。

虽说“栽下梧桐树，自有凤凰来”，如何“栽好”梧桐，吸引神鸟来栖，是一个需要考量的问题，是企业家内力的表现，在此我就不多着笔墨了。但当各种凤凰纷纷栖于你栽下的这棵梧桐树时，应当怎么去激励也是极其考验企业家的环节。

人才擅长的领域各异，各自的性格也不同，但总的来说，人才是否会来到你的企业，是否会留在你的企业无非要考虑两样：一是他们对自己的认知，二是他们对公司的想法。

企业家们并不通晓读心术，自然不知道每个人才心里的想法，但是基于多年的经验以及对历史上任用人才典故的研究，我认为人才大致可以分为如下这几类。

野心进取型。这类型的员工你可以用他，但不能过分倚重他。举个例子，战国时期的吕不韦，可算得上是一个非常有眼光的人，作为一个商人从政，他的前半生是非常成功的，既有门客三千，又一手培养出嬴政这样的君王，称他为战国红人，可谓当仁不让。

不过作为一个人才而非皇帝，他可就做得太过了，在秦始皇羽翼未丰之时，让嬴政称自己为仲父，一手把持秦国朝政，干预嬴政所能管辖的事务。这其中，虽有身世之谜，但时至今日，史学界对于嬴政是否是吕不韦亲生一事仍众说纷纭。时过境迁，我们今天所能看到的，不过是一个虽有战略眼光与政治才能，但终因野心太甚而招致杀身之祸的能人。

企业中也存在着这样的人才，从他进入公司的第一天起就存着这样的心思，希望有一天可取而代之。面对这样的人，老板短时间内可以重用，却不可长期依赖。

这种野心进取型的人才，要有激励又不能长期激励，对他的股权激励一定要上好“把控的锁”。就像秦始皇嬴政那样，对这位把持朝政的仲父一面担待，一面提防，既不事事顺应，也不事事顶撞。

利益驱动型。这种人在乱世之中最为常见，也最容易为时代所抛弃。春秋战国时期群雄并起，有一群人仗着三寸不烂之舌，行走于各国之间，游说传道，希望君主可以采纳自己的意见，以此名扬天下。这些人就是诸子百家之一的纵横家，他们其中的相当一部分人虽然留名后世，却不是简单的流芳百世，而是诸多非议。

好比其中的佼佼者张仪、苏秦和公孙衍，夸张一点来说这些出色的纵横家们可谓是共同缔造了战国几十年上百年的合纵连横，虽然成就了他们自己，但其朝秦暮楚的态度和作为却也是为后世所不齿的。

这种人才，在推崇忠孝仁义的古代来看，实属大逆不道。但在现代社会，这样的人往往会被现实所用，而其数量也着实不少。企业家对这种人，要以利诱之，以规控之，以情感之，多管齐下，方能留住这种容易动摇、容易流失的人才。

感恩追随型。这类型的人才实在是难得，既是当世之才，本身又有良好的品德，愿意为除了金钱以外的因素追随企业家。对于这样的人，可谓是可遇而不可求，光是用股和钱去激励还不够，用“心”去激励才是上策。

这种人才，就像是三国时期的诸葛亮，一生“鞠躬尽瘁死而后已”，千百年来都被视为忠智的象征。继隆中对三分天下之后，对刘备一直是忠心耿耿，甚至在其死后仍然对其子忠心不二，六出祁山最终身死五丈原。

反观刘备，对这位不世出的人才也是相当地看重，又是三顾茅庐又是如鱼得水，成就了一段千古君臣佳话。

这种感恩追随型的人才，光是许诺他一官半爵是没有用的，要打出感情牌才能赢得人心。大诗人屈原歌颂“芳草美人”，重感情的人才往往有理想主义色彩，作为企业家一定要晓之以理、动之以情，用梦想作为共同的情感纽带是最合适不过的了。

此处提到的三类人才身上的特性，是比较典型的，实际生活中的人才可能拥有不止一种的特性。这就需要企业家充分重视起股权激励的重要性，对人才身上的特性具体分析，采用综合的模式激励人才，留住人才。

金字塔式聚人

办企业跟闹革命是一样的，需要“又专又红”的人来支撑，企业才能发展壮大。这里的“专”是指工作中的“专业”人员，即有才之人；“红”是指忠于企业的员工，即有德之人。一个企业的发展需要那些拥有超强工作能力又对企业忠诚的人。而在企业选择股权激励对象时所要选择的也是那些“又红又专”的人，这是因为股权激励不同于其他形式的激励或奖励，它在一定程度上是为留住忠于企业的有才之人服务的。

当德才兼备，二者不可兼得时，用人之际，唯才唯德？经过多年的思考与琢磨，我认为通过金字塔的方式能够比较机动地解决这个问题。

有才之人可能有野心，有德之人又不利于公司做大。实际上，这两种人在企业的发展中都需要，只是位置不同，任用的方式不同。

一个公司的人才，应当是才德兼备的，如此才能实现公司的长治久安。当年，周武王去征伐商纣，手边有两个大将，一个是周公旦，一个是姜子牙。周公旦的封地在山东的鲁国，姜子牙的封地在山东的齐国，两人一起去上任。姜子牙就问周公：你打算怎么治理鲁国？周公告诉他，自己要治理这个国家一定要强调礼治，任用德行较高的人。姜子牙听了之后笑说："你这种方式不灵，只任用德行好的人国家无法强盛，在乱世之中将无法自保，最后危矣。"

周公于是反问姜子牙："那你到齐国之后要怎么治理天下呢？"姜子牙是个知人善用的神人，他告诉周公旦，自己到了齐国之后要任用有才干的人。姜子牙在齐国开放工商业，发展齐地渔业盐业的优势，使得齐国在当时率先富裕起来。而在此之后，齐国一直奉行的是"仓廪实而知礼节，衣食足而知荣辱"的治国思想，促进了齐国的日渐强盛。

周公认为，姜太公的这种治国思想，虽然能富国却不能长久。

事实证明，这两位先贤对于任用人才的看法都有一定的正确性，历史上的鲁国后来慢慢衰败了，而齐国则被田姓的权臣篡权，变成了田氏齐国。

我们的企业家一方面想要发展企业，另一方面又希望大权始终在握，这就需要建立一个金字塔式的股权结构，各个层级任用不同类型的人才，以期在发展与稳定的双重命题中给出完美答卷。

金字塔是宇宙中最稳健的结构，能聚集宇宙能量。通过股权的工具，将人才和能量汇集到金字塔中，能够实现以最少的资金控制较多的公司，实现以较少的人把控公司整体的发展与稳定。

以家族控股的金字塔结构为例：金字塔从上至下共分为三层，塔尖是企业家及其家族，中间层是核心团队，最下层是股民。顶部人最少，越往下人越多。推广到一般的金字塔结构就是，上层为集团实际控制人，中间层为控股公司，最下层为主体经营公司，而这里的主体经营公司可以控制子公司。

我们把人分成三种类型：第一种是有才能的，但不一定对你忠诚，这种人看好的永远是自己，公司不过给他提供了平台，一旦飞黄腾达就会飞到其他的平台上去。这样的人不可能永远留住，只能以利交往，求一时合作，此类人应该放在金字塔的底层。第二种是有德的人，这样的人品行比较好，应当放到金字塔的中层。而第三种人，也就是放在金字塔最上层的，应当是看好老板的人，也就是达到类家族的概念。

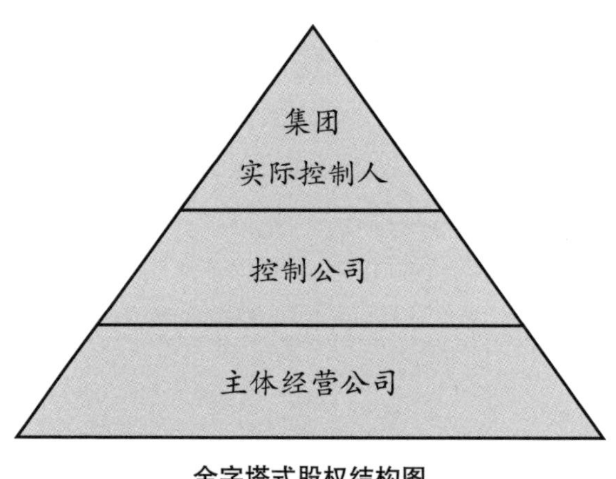

金字塔式股权结构图

股权激励是给奋斗型员工的稀缺性投资品

物以稀为贵。一般来说，人对稀有的东西都会产生一种“机不可失，时不再来”的心理反应。实践证明，当股权激励成为公司中一种稀缺性的投资品而非福利时，股权激励的效果会更加明显。那么，这些稀缺的股权应该分给谁呢？

股权本身的稀缺性意味着股权只有分给那些有实力给公司带来实质性回报的员工才有意义。所以，在进行股权激励时就要有所区分了。

一般而言，员工分为两类，一类是劳动型员工，一类是奋斗型员工。劳动型员工上班的目的是为了谋生，老板的事业与他相关性不大。这类员工关注劳动关系，他不希望加班加点。另一类是奋斗型的员工，他来公司有明确的目标，把公司的事业当成个人至少5～10年内的奋斗事业。公司办得好，员工的个人价值就体现出来了。这类员工觉得这是为自己的事业干，愿意加班加点，甚至愿意为公司做出牺牲。[1]两类员工在公司的发展轨迹，前者表现为平移甚至原地踏步，后者呈上升趋势。万科公司的两个典型员工就生动地体现了这点。

万科董事长王石刚创业的时候，员工也得亲自去找。20世纪80年代的深圳，聚集着大量的草莽创业者。王石晚上回到宿舍的时候，发现工厂内灯火通明，工人们还在加班加点地忙活着。于是，王石就将宿舍楼下的一个小老板拉到一边，协商着问他有没有多余的员工可以分给自己一个。

那个小老板就将王石带进工厂小车间里，爽快地说道："你随便挑"。王石看了看，也没多想就选了离自己最近的一个小伙子，征得他同意后，便让这个小伙子到万科去上班了。然而，这个小伙子在公司工作了20多年以后，仍以一名普通员工的身份退休了。

另外一名典型的员工就是万科CEO郁亮。其实，毕业于北京大学国际经济系的郁亮是在万科创办10年后才来到万科的。由于在第一份工作中写的一份建言公司进入零售业的长报告未能得到认可，他便萌生了换工作的想法。而与此同时的万科正打算拓展业务版图，想涉足连锁超市

---

[1] 薛中行. 薪酬给劳动型的员工，股权激励给奋斗型的员工. 新浪博客，http://blog.sina.com.cn/s/blog_ada0707d0101crru.html，2012.12.19.

业。郁亮在万科上班的朋友便将他写的那份建言报告转交给了王石，郁亮也因此获得了与王石面谈的机会。在两人的面谈中，郁亮发现王石认真地通读过他的报告，并对报告中合理和不合理的部分都有着自己的看法。受重视的感觉油然而生，郁亮随即便加入了万科。

加入万科后的郁亮陆续交出了漂亮的成绩单，数次获得公司最高荣誉“企业优秀员工奖”，职位也从公司董事会秘书不断上升至公司常务副总，36岁时便成为了万科的第三任总经理，掌管着这个国内数一数二的房地产公司。

从上述两位员工在万科的发展轨迹来看，我们不免发出这样的疑问，为什么那个王石用得特别早的小伙子，公司的元老，一个完全有可能成为王石继承者的人，到最后仍然是一个最基层的员工，而比他晚来十几年的郁亮却成为公司的最高层？这其实是劳动型员工和奋斗型员工最大最根本的差别。[1]

显然，奋斗型员工是股权激励的最佳对象，因为他早已将公司的事业视为自己的事业，与公司构成了事业共同体。而股权激励的精髓在于将奋斗型员工变成看好公司的投资者，将其资金回流到公司，从而将他们与公司的利益绑在一块，最终形成彼此成就的双赢局面。

---

[1] 360度郁亮：没有故事的万科总经理. 腾讯财经，http://finance.qq.com/a/20080302/000046_1.htm，2008.3.2.

第七章◉价在量先，虑之以时

时价量，是实施股权激励时需要考虑的三个重要因素。这三者紧密相连，无法撇开其中两个去单独考虑另一个。而企业家在制定激励方案时，往往也要推出激励组合拳，既保证控制权，又能满足员工在不同阶段的不同需求——即所谓的“近看分红，中看增值，远看上市”。

当下赚钱不一定未来值钱

电影对大家来说都不陌生，评价一部电影是不是好电影，每个人都有自己的一套标准。一般来说，最直接的标准就是看它的票房成绩和在各大国际影展上的获奖情况，即通过一部电影的“叫座”和“叫好”程度来反映其是否成功。

然而，常见的现象却是，叫好的电影往往不怎么叫座，叫座的电影也不太容易叫好，叫座又叫好的基本可以算精品中的精品了。所以，我们不能仅凭单纯的叫座或叫好来判断电影孰优孰劣。对于企业来说，同样也有着“叫座”和“叫好”的标准，也就是所谓的“赚钱”的企业和“值钱”的企业。

赚钱的企业，其营业额、利润额的数字常常是让人欣喜的，值钱的企业其说服力往往不在当下的财务报表数据上。因为企业赚不赚钱是根据当前的数据判断的，而其值不值钱则需要根据未来发展趋势来判断。通常，具有长远眼光的战略投资者着眼更多的是值钱的未来，而非仅仅赚钱的当下。

京东商城一直对外宣称零利润销售。2013年其净营收693.4亿元，净亏损为5000万元；而2012年净营收413.8亿元，净亏损高达17.29亿元[1]。这样一家长期亏损，营收却猛涨的公司在2014年1月30日提交了IPO，5月22日正式在美挂牌上市，其上市首日市值达286亿美元[2]。京东商城

[1] 吴琳琳. 京东更新招股书，确定将在纳斯达克上市[N]. 北京青年报，2014.4.16（第B01版）.

[2] 京东上市首日涨10%市值达286亿美元. 腾讯网，http://finance.qq.com/a/20140523/002856.htm，2014.5.23.

告诉我们，当下不赚钱的公司不一定不值钱。京东的高营收显示出了其在电商市场拥有了相当程度的占有率和消费者的信赖度。而这才是真正让京东商城值钱的地方。

苹果公司2012年8月20日的市值为6235.1亿美元，超过其长期以来的竞争对手微软公司，创下美股史上市值最高的纪录[1]。苹果公司也凭借iPhone系列成为最赚钱的企业。然而，进入后乔布斯时代，苹果的核心价值是否会发生变化，能否继续保持其值钱又赚钱的优势，这将交由市场来验证。随着苹果公司股价的下跌，最赚钱的苹果公司已逐渐走下最值钱公司的神坛。

所以不难发现，一个企业赚钱的多少，其漂亮的报表数据只能代表其当下创造的财富；一个企业是否值钱，更多地体现在它在未来能创造多少财富，它能创造财富的时间有多长。同理，一个仅通过绩效提成奖励来提高员工积极性的企业，只是赚钱的企业；而一个能通过股权激励方式来提高员工工作热情的企业，必将是一个潜力无限的值钱企业。

公司的价值在于市梦率

对于已上市的大公司来说，公司的估值基本可以用相应的指标估算，但对于那些尚未成气候的小企业，如何评估一个公司的价值似乎就成了一件有争议的事。有的人看重团队的力量，有的人则偏重商业模式，在这里我想要说的是，处在该阶段的公司，其价值用“市梦

---

[1] 苹果市值创有史以来最高纪录达6235亿美元. 腾讯网，http://tech.qq.com/a/20120821/000017.htm，2012.8.21.

率”来估算更为合理，而对于那些轻资产公司来说，市梦率就显得格外重要。

当你的公司没有大的规模，既不是业内龙头，也没有垄断特权的时候，你需要展现给别人，尤其是投资人和员工看的就是你的未来和梦想。市梦率，意味着公司未来的走向与大的方向战略，即便是现在没有能够拿得出手的成绩，在未来的某一天，也会实现跨越式的发展。

市梦率这个词的出现已经有些年头了，一些人常常拿它来调侃那些市盈率虚高不下的股票。但事实上，市梦率绝不再是张空头支票，很多互联网科技型企业堪称传奇的发展历程，已经向我们证明了市梦率估值法的合理性。

一些知名的科技型互联网企业如硅谷巨头亚马逊、谷歌，一开始也并不赚钱。就拿如今建立起庞大电商王国的亚马逊来说，其在很长一段时间内都处于亏损的状态。在1995-2002年之间，净利润也都是负的，但是其股价却能保持一路上扬。在过去8年里，亚马逊的股价从60美元上涨至400美元，甚至在2014年年初一度达到了408美元的高位。[1]

投资人为什么乐于投资这样一个常年处于亏损，利润率不到1%的公司呢？原因是看好它的发展潜力，一时的亏损并不能说明一切。对亚马逊未来成长的高预期，才是投资者投资它的真正原因。

投资界有这样一个玩笑，有人问：谁会投资给宣扬市梦率的人呢？答曰：三类天使投资人即3F投资人。第一种是Family，也就是你的家人，父母看到子女为了梦想每日发愁，就算并不明白这个梦想的具体内容，出于关心和帮助的心理也会拿出资金给子女“折腾”。第二种是Friend，企业家向朋友谈梦想，朋友即便是不相信你的梦想，也会

[1] 低利润令人担忧[N]. 纽约时报，2014.4.26.

凭着对你的信任，多少投一点。第三种是Fool，但这种人实际上不是真的愚蠢，而是大智若愚的人，因为他能看到隐藏在梦想之下的真正价值。

对于企业家来说，市梦率的真正意义在于，你对自己企业未来的定位、战略，以及你想到达的高度，并且能够将其成功出售给投资人和员工。如此一来，外部有投资人的资金支持，内部有员工的奋斗支持，终有一天能够把这个“梦”变为现实。

大鹏一日同风起，扶摇直上九万里。初出茅庐的毛头小子也有直上青云的一天，心怀梦想的企业家也是一样。年轻的公司，如果能将其核心梦想化作所有员工、高管的梦想，成功便指日可待。

说起当下最会贩卖梦想的人就不得不提马云了。马云在2014年阿里巴巴集团上市时，送给在场嘉宾的T恤上正反两面印着“梦想还是要有的，万一实现了呢？”不知唤醒了多少人潜藏心底多年的梦想。

创业之初，马云怕的是企业夭折。马云有个著名的自我提醒：“明天很残酷，后天很美好，但你一般活不到后天！”他的解决方案是：贩卖梦想，在内部贩卖，在外部满世界跑着贩卖。而阿里巴巴集团在美国成功的上市，再一次将这个最会贩卖梦想的人推向了世界之巅。[1]

事实证明，梦想也是或轻于鸿毛或重于泰山的，重点在于如何把握。公司的价值之所以在于市梦率，其关键在于企业家能否将其梦想传递给投资人、高管和员工。

你要成就什么样的公司，你的愿景是什么，未来你公司的价值就在哪里。老板对公司的核心梦想，就是这家公司的股权价值所在。

---

[1] 刘娇.“盲人”马云：骑着盲虎贩卖梦想. 中国企业家网，http://www.iceo.com.cn/renwu/35/2012/1019/258883.shtml，2012.10.19.

“一块石头的价值”引发的思考

曾听说过这样一个故事，讲的是一个小和尚耐不住寂寞，不想砍柴挑水，吵着要读书，于是老方丈就给了小和尚一块石头，让他到集市上去卖，但告诉他，不管别人出多少钱，他都不许卖掉这块石头。

小和尚照着老和尚的意思，将石头拿到山下的市集上叫卖。可是直到傍晚时分，才有个妇女准备出六文钱，买下这块石头给她丈夫压纸。小和尚因要信守与老方丈的约定，就没有把石头卖给那个妇女。但小和尚不明白老方丈的用意，于是老方丈又让小和尚将这块石头拿到米铺店去卖，但仍然约定不管对方出价多高，都不许卖掉。

小和尚听从了老方丈的话，带着这块石头来到了米铺店。米铺店老板看完石头后，判断出这块石头是块化石，愿出价500两银子。这次，小和尚感到非常惊讶，仍连忙拒绝了米铺店老板。这次小和尚仍未能参透老方丈的用意，老方丈很淡定地让小和尚把石头再拿到珠宝店去卖，条件仍然是不管对方出价多高，都不许卖掉。

第三次，小和尚带着石头来到了珠宝店。珠宝店老板端详了半天，认为这块石头是一块被石头包裹的无价之宝，决定用自己所有的财产来购买这块石头。小和尚吓得直接跌倒在地上了。

小和尚回去后，连忙向老方丈描述了他当天的见闻。老方丈问：“你现在明白我的意思了吗？”小和尚回答：“不明白！”

老方丈微笑着对小和尚说：“同样一块石头，在一个妇女的眼中，只是一块压纸的石头，值六文钱；到了米铺店那里，老板认识到它一些价值，知道它是一块化石，愿意出500两银子来买；而真正懂得它价值的只有珠宝店的老板，知道它只不过是外面包裹了一层石头的样子，里面却是一块无价的宝玉！”

这个故事讲完了，联系到我们讲的股权激励可以明白一个道理：不是每个人都能看出，更确切地说是意识到，股权是企业家给员工的一种稀缺性的投资品，是具有潜在价值的。某种意义上讲，妇女代表的是把股权当概念的员工，米店老板代表的是对股权价值有初步认识的员工，而珠宝店老板代表的是慧眼识股权价值的员工。

老板刚拿出股权激励方案给员工们讲的时候，有些人会认为，老板在忽悠我们，拿一个虚拟的概念给大家画饼，其实股权一文不值。这样的员工总有一种看自己公司“灯下黑”的感觉。有些稍微懂点股权激励的员工，则可能知道，老板是在为员工着想，愿意和员工分享企业发展的红利。而那些慧眼识珠的员工，认定公司未来的发展将一片大好，则会将股权视为老板馈赠的无价之宝。

曾经从股权上获得过红利的员工都会有所感触，股权的价值的确会随着公司的不断壮大发展而增长，具有爆发式的增值空间。当年这些员工也正是凭借长远的眼光，宽广的胸怀，等到了公司价值的提升，从而实现了在公司这个平台上自身价值的提升。

所以，企业家们准备向股权激励对象授予股权的时候，需要让他们意识到股权具有极高的潜在投资价值，并且不是每个人都能获取这样的稀缺性投资品。

打天下拢人心，坐天下安人心

不管是帝王打江山，还是企业家创业，都离不开人才的辅佐。当江山已定，美景尽收眼底，皇帝就要开始动脑筋怎么安天下了。安居乐业，对百姓不易，对帝王来说更加不易——既要担心外部侵略者来犯，又要提防后院着火。可以说，打天下凭的是胆略和眼光，坐天下则更多的要靠周密的管控。同样，企业家在创业和守业的过程中，也面临着一样的问题。

历史上，关于打天下坐天下，有这么一个有意思的典故。

说到清兵入关，吴三桂的名字立刻就跳入了大家的脑海。正是这个将领，某种意义上说改变了历史。他当时镇守的山海关，依山傍水，是天下第一关，是咽喉要地。但就是在这里，守关的将领吴三桂居然没有折损一员兵将就投降了，清兵就此入主中原，明王朝大势不再。

照理说，吴三桂也是个有血性的男儿，七尺男儿谁愿意投降呢？事实上，他本人也是不愿意投靠清兵的，但当时的情况让他不得不做出这样的选择。那时，农民起义军领袖李自成，对吴三桂这个当世之才所采取的策略可谓是相当失败。他非但没有厚待吴三桂，还活捉了他的父亲（后来更是杀害了他的父亲吴襄），其部下霸占了吴三桂的女人（也就是秦淮名妓陈圆圆）。亲父被活捉，情人被霸占的耻辱，这天下没几个人能够忍受。很明显，有了这些“过节”，吴三桂是绝对不会再投向李自成了。

而另一边，清兵那边领导人的合作策略就十分高明。当时的清军统帅是皇太极的弟弟多尔衮，多尔衮是个很会洞察时事的人，对于吴三桂这个人才的重要性，他一早就认识到了。所以，他选择去拉拢吴三桂，还给出了非常诱人的条件。面对优厚的待遇，吴三桂毫无疑问地倒向了多尔衮的阵营。其结果就是，在一片石战役中，吴三桂联合清兵大败李自成，清军入关打了许多年，终因为这一决定性战役的成功而夺得了天下。

在打天下的过程中，清军因为拉拢到了关键人才吴三桂而夺得了天下，这也充分说明了激励在创业过程中的重要性。但是，平定宇内之后，对于吴三桂这样拥兵自重的封疆大吏又该怎么应对呢？清王朝统治者们的做法值得后世借鉴。

吴三桂投靠清廷后被封为平西王，而后的几十年偏居一隅，势力越做越大。仅仅过了30年，皇太极的孙子康熙帝就开始削三藩了。这时候的吴三桂，钱粮不经户部，官员不经吏部，可以直接派官员，直接收税。清朝初年，有“西选之官几满天下”的说法，也体现了清廷给他的权力达到顶峰。

康熙自然不会放任臣下的权力不断扩张。事实上，康熙自执政以来一直在想尽办法限制、削弱吴三桂的权力。到后来，他终于说出了“三桂蓄异志久，撤亦反，不撤亦反。不若及今先发，犹可制也”的名言，至此，终于收回了他的祖辈和吴三桂的“白马之盟”（指的是汉高祖刘邦在位时与群臣以杀白马方式定立的盟约，此为古代盟誓的方式之一，其要杀牲取血，并用手指蘸血来涂在嘴上，以示恪守盟约，而此盟约的内容为确保只有刘姓者可为王，即“非刘氏而王，天下共击之”）。[1]

如此一来，吴三桂就被逼上了绝路，不反被削藩，反了则会背上骂名。时年66岁的吴三桂，终于走上了造反被杀的道路。清廷的统治者用一招巧妙的招数，既保全了颜面，又排除了异己，巩固了统治。

吴三桂的这个例子也给了我们一点启示——股权激励是有阶段性的。当你的企业在初创期打天下的时候，要以激励为本，给你的部下“白马之盟”。而当企业做大到一定程度时，企业的边界不容易扩张了，在这种发展稳定的时候，股权反而要集中，之前下放的股份很多都要收回来。

历代王朝都是如此，打天下的时候重在激励，而坐天下的时候重在管控。即打天下拢人心，分权以拢；坐天下安人心，管控以安。

因此，从我独创的企业生命周期理论来看，“分股需定时”，指

---

[1] 司马迁. 史记・卷九吕太后本纪[M].

的就是当企业处于成长期时将股份分出去。企业家“打天下”的时候分股，员工们便会一呼百应，因为他们很容易就会认可股权的价值，并预期能获取可观的股权激励收益。再者，由于企业处于高速增长过程中，股权激励所带来的激励成本兑付问题也可以通过企业的做大来有效解决。

给股权激励设置有效期

我以前在给企业制订股权激励方案时，经常会被问到这样一个问题：企业的股权激励方案应该设计几年比较好？对此，我的看法是股权激励的周期需要与企业的战略发展相适应。一个股权激励方案究竟做多久完全取决于企业的战略规划期。

假设一个企业制定了一个长达5～8年的战略规划，股权激励的周期就必须控制在5～8年。这是因为企业战略一旦发生变化，股权激励作为支撑企业战略实现的激励工具所对应的考核指标就会变。而考核指标变了，原先的股权激励方案也就不那么有效了。此时，还不如启动一个新的股权激励方案来得有效。

当然，除了要考虑企业的战略因素外，我们还应该从员工的角度出发，去思考一下员工对于股权激励的心理预期。

在股权激励当中，中国人和西方人对周期的概念是不一样的。在西方，3年以下属于短期激励，5年属于中期激励，8年属于长期激励。西方国家常见的股权激励周期是8年，也就是说老板给你股份，可能要8年后才能看到收益。但是中国人不一样，1年属于短期激励，2～3年属于中长期激励，3年以上就属于长期激励了。所以，中国人对股权激励普遍的心理预期也就是3～4年。如果一个中国企业家设计了一个6年左右的股权激励方案，效果就有可能适得其反了。

深圳有个名为华侨城的上市公司就曾经设计了一个长达10年的股权激励方案。当高管听到这个方案时都直摇头，有的高管甚至因此选择了离职。大家想想，为什么会有这样的情况出现呢？显然，这个股权激励方案没有照顾到中国人的传统观念。中国人较为喜欢短期的分红，就像之前讲到的山西票号掌柜的身股制分红，票号的一个账期定为4年分红一次，也就是迎合了掌柜的心理预期。另外，作为一个中国高管，当放在自己面前的是一个10年的股权激励计划时，就会反复思索将自己职业生涯最精华的10年交给同一家公司是否值得。一旦这样的想法在高管的脑海里盘旋，这个方案就违背了我们做股权激励的初衷。

某种程度上讲，股权激励的周期其实就是股权激励方案的有效期。在设置这个有效期的时候，需要综合考虑企业的战略规划期和员工的心理预期。

一次核算，多次发放

上篇文章，我们讲到了股权激励方案中激励周期的长短问题。接下来，我们来探讨下激励周期的频率问题。

在股权激励方案具体实施过程中，有一个普适的原则是“一次核算，多次发放”。这个原则需要我们从两个方面去把握，即在设计股权激励方案时要一次性核算出股权激励的量及预期收益，但是在股权的授予及兑现收益时却要分批次进行。

为什么要坚持“一次核算”的原则呢？记得之前有个老板，在还没有股权意识的情况下，胡乱给股份，结果分出去的股份竟然超过100%，导致了一些不必要的股权纠纷。所以，作为一个企业的老板，需要在股权分配时刹住车，为公司未来的发展做好股份方面的预留，一次核算出公司中长期战略规划期内，总共有多少股份是可以拿来分配的，每类岗位上的员工可以分多少股。

而“多次发放”则意味着要对锁定期和解锁期进行合理的设定，因为这事关企业的相关利益。锁定期的存在就相当于让企业给员工订立一个考察期（俗称“蜜月期”）。原先单纯以每年的业绩作为激励评价机制很有可能会造成公司高管为了冲业绩，违背企业的正常发展规律，破坏企业未来的战略布局。锁定期的设定可以极大减少高管们的短期行为，从而保证企业的长期发展战略能有序实施。

解锁期的设定中，解锁频次需要根据不同岗位员工的心理预期做出相应的安排。假设我们把公司的员工分为两种类型，一种是研发型员工，一种是营销型员工。通常而言，研发型员工的特质是忍耐性强，爆发力弱。所以，在激励频率的选择上，并不需要过分劳神，甚至可以在产品研发出来以后，进行一次性激励。而营销型员工就不一样了，他们爆发性强，忍耐力弱，需要高频激励才行。因此，对于营销型员工来说，股权激励方案中采用分批解锁的方式最为合理。

一方面，分批解锁可以将激励成本平均分配到解锁期的每一年内，将大大缓解企业的激励成本问题。如果员工在锁定期后立刻选择套现离职，将无法拿到全部的股权激励收益。另一方面，分批解锁的好处在于企业不会面临短期内筹集数额较高的激励资金问题。试想下，一个做了股权激励的企业，如果不设置分批解锁的机制，未来在解锁时将面临极大的现金支付压力。一个企业可能有非常殷实的固定资产、无形资产，但却未必会在自己的账上准备大量的现金资产。

从实践来看，“一次核算，多次发放”是股权激励方案中常见且有用的原则，因为这个原则既能为公司的未来发展做好股份上的预留，又能规避员工的短期行为，满足员工对激励频次方面的心理预期和减少高额现金的支付压力。

发展有余地，做大股权池

如何使创业企业能够保持稳定的增长速度，不断地迸发出新的活力，是一件令很多企业家苦恼的事情。尤其是在互联网思维活跃的当下，一批又一批的创业企业涌现出来，随着时间的推移，又消失在创业的大潮中。作为成功创业的代表，奇虎360总裁周鸿祎曾经说过：“创业首先是一个马拉松，没有十年八年，是出不了结果的。创业又像是一个接力赛，需要新鲜血液产生一波一波的动力。”而如何能够实现创业企业的不断发展，需要建立一种有“余地”的股权观，做大股权池。

所谓“有余地”，指的是在股权激励制度设计上要有前瞻性，建立灵活的股权激励制度，不能把股权“做僵”，不能把股权一下子都分完，要留有一个大的股权池。正像周鸿祎所说的，创业是一个漫长的过程，甚至可以说是光靠初创团队无法完成的伟业。在这种时候，只有做大股权池，促进团队不断引进新的人才，实现新老人才的和谐共融，才能够实现企业的健康良性发展。

众所周知，企业创业过程中，新人才的不断引进会带来很多问题。价值观、能力、对企业的认知等诸多因素，都会导致彼此之间产生矛盾。老人觉得自己先进入企业，劳苦功高，理应比新人拿的多，但又担心新人加入团队之后会取代自己的位置，容易心生排斥。新人也一样，自己在加入团队之后，努力上进却不能和老人一样获得相同的待遇，心里难免不平衡。新老人才之间产生分歧在所难免，甚至可能出现对立分化，影响团队协作。

这个时候就要利用做大的股权池，实现新老人才的和睦共处。仍然以奇虎360为例，360总裁周鸿祎描述其公司的股权激励时，说了三点。其一是“要把公司的股权，预留出很大的空间”，切忌创业之初就把股权全部分完。360在创业之初尚未融资时，周先拿出了40%分给员工和团队，而后虽然由于融资稀释了股权，仍然有超过20%的股份是分给员工的。他在一次演讲中曾表示：“360不是一家狼性的公司，360对员工、对用户都有关怀，所以我说要把产品做得人性化，做产品要讲人性。”根据周鸿祎自己表示，2011年奇虎360上市时，其员工持股比例是20%，而后来这一比例已接近24%。[1]

周鸿祎提到的第二点就是创始人自己要舍得分股权，“不能独占股份”。关于企业家转变心性、舍得利他这一点，在前面我们已有了很多的描述，此处就不再赘述了。

而第三点，周鸿祎认为要有长远意识，在股权激励的问题上要给未来留机会，要保持股权激励的持续性，因为企业发展对人才的需求是无止境的。正因为“一个企业对人才，永远是饥渴的，永远是需求的”，所以绝不能把股权一次性分完，要制订计划，保证用于股权激励的股份不会被稀释完。[2]

总的来说，从创业初期开始，就应当留有余地，股份不能一下子分

---

[1] 韩杨. 周鸿祎：360不重狼性重人性员工持股比例近24%. 凤凰科技，http://tech.ifeng.com/internet/detail_2013_01/29/21728961_1.shtml，2013.1.29.

[2] 周鸿祎. 创业需建股权池，不拘一格降人才. 新浪博客，http://blog.sina.com.cn/s/blog_49f9228d0101dq91.html，2013.8.26.

完，设置一个合理的股权池，让新人老人都能得到应有的激励。这样才能跑赢创业这场“马拉松”。

控制在先，善用绝对值

股权分配的量多少才合适？这是企业家经常会遇到的一个问题。

有些企业家觉得自己对于股份拥有随意处置的权力，想分多少分多少，看谁顺眼分给谁，如果要收回来随时都可以收回来。这种简单而随意的想法是很不成熟的，甚至可以说是很危险的。

事先没有设计好任何约束的机制，而是让大量的股权不加控制地分配出去，这样的行为会给公司的长远发展埋下隐患。股权分配量的艺术，应当遵循“价在量先，时在量先”的原则，强调控制权。而我在这里想要补充的，还有一个巧妙的做法——善用绝对值。

在前文里我已经谈到了股权的价值和激励的周期，需知，在不知道股权分配的时间长短和公司价值的情况下，空谈股权分配的量是没有意义的。举个例子来说，假设一家公司，现在值500万元，但是过了几年之后，有可能就值5000万元了。必须要先明确公司到底值多少钱，先定价再定量，这样才有意义。

在确定数量的时候，首先考虑的应当是公司的股权架构，一定要在确保公司控制权的前提下实施股权激励。在这个时候，可以利用一个关键的点，那就是绝对值。

在谈及控制权的时候，我曾提到企业家要看重相对值，以保证自己对企业的控制权。反之，在将股份分配出去的时候，需要强调的就是绝对值而非相对值了。

我的理念是“绝对值”不绝对——企业家可以给员工一个绝对数的股份，而不是给确定比例的股份。这里就要提到前文中的一个例子，在好莱坞影片《社交网络》中，当Facebook创始人之一爱德华多·萨维林回到公司签署文件时，他问起律师，“有多少股票是我的？”律师回答他，有“1328334股，占了所有权份额的34.4%”。这里面有一个值得玩味的细节，律师不是简单地告知他股份所占的相对数，而是先强调了一下股份的绝对数值，然后补充说明了相对值。

这里其实为后面的电影情节埋下了伏笔，其实，所有的一切都尽在马克·扎克伯格的掌控之中。由于萨维林签下了这份实际上只限定了股份绝对值而非相对值的合同，当后期公司引入新的投资人时，他的股份就毫无疑问地遭到了大量稀释。如此一来，控制权得以重新回到扎克伯格的手中。

这个例子可以明确地看到即便确定了绝对值，只要相对值未定，企业家就无需担心公司价值变大时自己的股权会遭到稀释，从而可以将企业的控制权牢牢攥在手中。

我曾经遇到过一些员工，因为企业家口头承诺过要给他们百分之几的股份，在公司发展壮大之后，认为稀释股权理所应当稀释老板的那部分，理由是老板拥有的股权占了绝大多数，而他们自己的只占少数。作为企业家，为了保住公司的控制权，当然不会同意这种观点。

因此，为了避免日后无谓的争执，有必要在一开始给股份的时候，就做好准备运用强调绝对值、弱化相对值的方法保住控制权。

第八章◉无规矩，不成方圆

俗语有云：斗米恩，担米仇。激励正是给员工的“米”，无约束就会心生贪念，轻则不思进取，重则掠夺利益甚至控制权。《孟子》中如此说，“不以规矩，不能成方圆”，要做到激励有方，需恩威并施，在考核和约束之下，激励才能更好地发挥效果。

成吉思汗大军与秦国军队的激励约束之道

纵观中华五千年历史，中华大地上曾经出现过许多王朝，经历过大大小小分裂又统一的战争，成就了无数的传奇。直到今天，仍有两支军队令人心生疑惑，又无比敬畏，他们就是曾经横扫六国的秦军和助成吉思汗征服过欧亚非三大洲的蒙古大军。

这两支军队结束了绵延数百年的乱世之后，各自开疆拓土，助当朝天子建立起盛极一时的帝国。除了时运所至，人们更多的是纳闷，在当时的条件下，一支拥有如此强大战斗力的队伍是如何建成的。

细观历史会发现，在这两支传奇军队的建立过程中有着一些相同的轨迹——他们都选择了强有力的激励机制与相应的管理约束机制。

首先来说说秦军，用八个字来形容其使用的激励与约束机制就是“加官晋爵，刑律严明”。秦军之勇猛，有一个十分有力的佐证，即20世纪70年代出土的秦始皇陵兵马俑，所有的士兵均没有戴头盔，而是系着头巾。事实上，当时的秦国经过商鞅变法后，奴隶制已逐步向封建制过渡，生产力的发展远远领先于其他六国，给士兵配备最好的盔甲一点问题也没有。即便如此，士兵们一旦上了战场，仍然很少穿戴盔甲，即便穿戴了也经常丢开沉重的盔甲和头盔，冲到阵前取敌人的首级，英勇无比。

这些军士的勇猛除了因为秦地尚武，还与军队中所执行的二十级军功爵位制度有着很大的关系。该制度按照军功的大小把爵位分为二十级，从一级公士开始逐级递增，一直到最高层级的二十彻侯。[1]

---

[1] 二十级军功爵位制共分二十级，分别为：一级公士，二上造，三簪袅，四不更，五大夫，六官大夫，七公大夫，八公乘，九五大夫，十左庶长，十一右庶长，十二左更，十三中更，十四右更，十五少上造，十六大上造，十七驷车庶长，十八大庶长，十九关内侯，二十彻侯。

商鞅变法时就明确规定了这一制度，在《史记·商君列传》中记载："有军功者，各以率受上爵……宗室非有军功论，不得为属籍。明尊卑爵秩等级，各以差次名田宅，臣妾衣服以家次。有功者显荣，无功者虽富无所芬华。"意思是，秦国建立了军功的军士可以按照军功的大小授爵，并且根据爵位等级，赐予田宅。同时，也对没有军功的宗室贵族做出了规定，即没有军功的就不能列入宗室的属籍。商鞅所定的法规中强调了立军功的荣誉感，将其与一般的富有者作了区分。

而判断所立军功大小的标准，正是在战事中所斩杀的敌军首级数。这也就是为什么秦军作战时勇猛地丢开盔甲，轻装上阵取人头颅的原因了。

激励与约束是一对孪生兄弟。在战国时期，秦国采用的军功爵位制度，激励力度是相当大的，商鞅也因此想到了要配备相应的约束机制。商鞅在新法中规定"为私斗者，各以轻重被刑大小"，表明军士只能为国家战事打仗，而彼此之间如果私下打斗，会根据情况处以相应的惩罚。

加官晋爵，古往今来都是吸引能人志士的利器。秦国的军功爵位制度，为那些普通人提供了晋升的通道，即便是奴隶，只要通过自己努力杀敌，就可以摆脱奴隶的身份，获得土地和大宅，甚至获得爵位变成统治阶级。这对于士兵的激励是前所未有的，因此极大地提升了秦军的战斗力，再加上秦国推行法家思想，严惩私斗，又对军功爵位激励制度做了相应的约束和监督，保证了军队的纪律性。

和秦军一样，成吉思汗的蒙古大军也采用了同样有力的激励制度，用八个字来形容就是"强力激励，军事管理"。铁木真幼年坎坷，在成为成吉思汗之前，曾与亲人在草原上浮沉了十几年，时常要过寄人篱下的生活。而那时候的蒙古草原尚处在奴隶社会，众多的奴隶饱受压迫和剥削，每到打仗的时候，奴隶们也要上战场，却由于分不到战后的战利品而缺少积极性。

铁木真创造性地改变了这一情况，他不论出身和阶级，将普通人和奴隶放在同样的考核机制中，只要是打仗立了功，都一样能从中获利。这样一来，总人数中占相当部分的奴隶们受到了激励，作战的积极性也大大提高了。所有人可以说是为了自己去作战，不但能够从战争中获利，如果立的功劳大了，还能改变自己甚至家人的命运。

铁木真正是靠着这样强力的激励制度，渐渐聚集了一支自己的“敢死队”，打败了草原上的其他部落，最后统一了蒙古草原，而后又一一击败了宋、金、西夏等诸多对手，成为了一代天骄成吉思汗。

需要指出的是，蒙古大军能取得如此辉煌的战绩，靠的不仅是激励制度，还有一项为后世所称道的管理机制——千户制度。军功激励在物质上给士兵激励，千户制度则在组织架构上将他们凝聚起来，形成强有力的团队。

公元1206年，成吉思汗在蒙古部族的忽里勒台大会上，将所辖地区划分为95个千户，分别由88名开国功臣或皇亲贵胄按组织编制统一管理。在此之前，蒙古草原的部落分为许多个派系，诸如黑骨头、白骨头等等，成吉思汗的千户制度将这些派系成功打散，把所有人重新融合起来。十个班形成一队，称为百户；十个蒙古队组成一个营，称为千户；十个千户组编成一个万户，由一万人组成，其长官由成吉思汗亲自挑选。所有人在新的编制里对待彼此犹如兄弟，虽然没有血缘关系，仍然抱有相当高的忠诚度。[1]

据元史记载，“若夫军士，则初有蒙古军、探马赤军。蒙古军皆国人，探马赤军则诸部族也。其法，家有男子，十五以上，七十以下，无

[1] 王进. 论蒙古汗国时期千户制度的历史地位[J]. 南方论刊，2012(2):69–70.

众寡尽签为兵。”在蒙古汗国所有的千户组织内，家中有15岁以上、70岁以下男子的，均要签为士兵。那些万夫长、千夫长和百夫长们，个个将军队管理得秩序井然，一旦诏令下达，不分昼夜也能即刻出征。通过军事编制方式管理百姓，组合分派军队，使得整个蒙古大军的机动性得到了大大提高。

不论是秦军的军功爵位制度，还是蒙古大军的激励分派制度，都是对士兵极大的激励，这种激励不但有物质上的，也有荣誉上的，甚至可以改变士兵的身份和阶级地位。士兵们从本来的为国家而战，转而变成了“为国家更为自己”而战，打仗成为了他们改变自己命运的途径。这对于那些亟待发展的公司来说，是一个很好的启示。通过强有力的激励方式使员工感到在为自己而干活，工作积极性也得到了极大的提高，对于成长型公司的“开辟疆土”有极大的帮助。

同时，光有激励之道，没有约束和管理机制也是不行的。秦国严明律法禁止私斗，蒙古汗国设立千户制度，强化军事管理，这些措施都很好地充当了配套激励制度的约束机制。士兵不会因为激励就昏了头，乃至互相比拼影响管理。在约束和管理制度的制约下，激励得以发挥长效作用。

转换到公司治理之中，也是同样的道理。激励制度的执行必须要有相适应的监督和约束机制，比如说设立激励达成的条件，相应的惩罚措施等等。如此一来，员工们会在不损害公司利益的前提下“为自己而战”，并逐步实现企业的战略目标。

约束的艺术：审时度势，宽严有度

育儿专家认为，一个被恰当约束的孩子，往往既具有丰富的创造力和冒险精神，又懂得规避风险，有所不为。[1]同样，一个获取股权激励后，被恰当约束的员工，通常既能为企业家的事业发挥出极大的潜能，又会自律到不去触碰有损公司发展前景的红线。然而，“恰当的约束”是一门艺术，多一分则略显苛刻，少一分则稍显宠溺。

回顾历史，在约束的平衡木上，我们发现这样一个“国家级”选手。他深谙约束过严，百姓怨声载道，约束过松，犯罪猖獗肆虐，最后选择的是“审势定严从宽”，并取得了“吏不容奸，人怀自厉，道不拾遗，强不侵弱，风化肃然”（该句意思是官吏眼中容不下奸邪，人人严格要求自己，在路上不捡别人丢的东西，强者不欺负弱者，社会风气清正严肃）[2]的卓越政绩。我说的此人不是别人，正是千古贤相诸葛亮。

在四川成都武侯祠的诸葛亮殿门两侧，挂有一副清人赵藩撰写并极负盛名的对联，其下联“不审势即宽严皆误，后来治蜀要深思”[3]称颂的就是诸葛亮能审时度势，制定出宽严得宜的法度，达到了很好的效果，并借此建议后来的治蜀者要谨记、借鉴。

至于诸葛亮是如何审时度势、宽严有度地治理蜀国的，还得从建安十九年（214年）说起。当时，蜀国国君刘备平定益州（今天的四川盆地

[1] 恰当的约束是一种艺术. 中国心理学网，http://www.xinli110.com/qsnxl/jyjl/qzgx/201206/302867.html，2012.1.17.

[2] 陈寿. 三国志・蜀志・诸葛亮传[M].

[3] 赵藩撰此对联时，正值四川巡抚岑春煊疯狂镇压四川人民反清运动，遭到川境人民痛恨。赵拘于森严的封建等级制度不便当面劝说，即写此联悬挂武侯祠里，岑看到后十分反感，认为赵讥讽指责他，不久便把赵降职贬官。这副楹联语意简明，叙事寓情，感时叹世，极富哲理。1958年3月，毛泽东去武候祠看到这副楹联，给予极高评价。1972年刘兴元调任四川省委书记，毛泽东嘱咐他好好研读这副楹联，以后又叮嘱许世友等高级干部也要去看看想想，作些深思。由此可见，这副楹联自它问世100多年以来，给了后人极大的教育和启迪，现又成为川人参政议政和茶余饭后的史料，其影响是无量的。

和汉中盆地一带）后，将诸葛亮封为军师将军，掌管左将军府事务，管理益州的相关政务。

在诸葛亮接手管理益州前，懦弱宽柔的刘璋担任益州牧（益州最高官员），当地的豪强士族总是骄纵横行，肆虐妄为，国家颁布的政令也经常无法得以实行，一时间民怨沸腾。为了一改益州的官风民气，诸葛亮强调厉行法治与加强教育相辅相成。这种做法虽然稳定了社会秩序，也同时引发了一些守旧势力的如潮非议。当时的蜀郡太守法正就找到诸葛亮，劝说道，之前汉高祖刘邦入关的时候，只约法三章，曾饱受秦法摧残的关中百姓对此颇为感激。法正如此劝说只是希望诸葛亮能效法刘邦，以宽松的法度来安定民心。

然而，诸葛亮并不这么认为。诸葛亮对法正说："您的意见是只知其一，不知其二。"商鞅变法后的秦王朝，法律严苛细密，人人自危，惶惶不可终日。刘邦入关后，将秦朝的旧法一律废除，只规定了杀人、伤人和盗窃等三项罪行的处罚，以示宽大仁慈。刘邦这么做也是顺应形势而为，在获得老百姓广泛拥戴的同时，成就了一番伟大的事业。

可是当下摆在大家面前的问题是，刘璋虽然统治益州多年，却政法松弛，那些对老百姓有益的政治措施压根没能实施下去，豪门大户们放纵专权，君臣之道也荡然无存了。如果用职位去宠溺下级，等到没有高位可以提供时，他们就会慢慢地轻视它；如果用恩惠去拉拢下级，等到恩施殆尽的时候，他们就会心生怠慢之情，这就是问题的症结所在。相反，如果用严峻的刑法去威慑下级，等到法令贯彻下去之后，他们就会懂得什么才是恩德；对封赏官爵之事进行严格限制，一旦获得加官晋爵的机会，他们就会懂得什么是荣耀。这种恩荣兼施，互为补充的方式，将有利于君臣之道的有序贯彻。其实，这就是治理国家时所需要掌握的要领。

诸葛亮此番关于“治乱世用重典”的宏论，当场令法正信服不已。建国之初，诸葛亮受刘备之命，会同法正、刘巴、李严、伊籍等人共造《蜀科》，开始了立法工作。同时，诸葛亮还曾作“八务、七诫、六恐、五惧”，皆有条章，以训厉臣子。[1]

但后来，法正因“擅杀毁伤己者数人”（该句意思是曾擅自处死过几个毁谤过他的人）[2]而遭举报，诸葛亮的态度却暧昧起来，诸葛亮答道：“主公之在公安也，北畏曹公之强，东惮孙权之逼，所则惧孙夫人生变于肘腋之下，当斯之时，进退狼跋，法孝直为之辅翼，令翻然翱翔，不可复制，如何禁止法正使不得行其意邪!”（该句意思是主公从前在公安，北面害怕曹操的强盛，东面担心孙权的威胁，近处又惧怕孙夫人在身边生变，在那个时候，真是进退两难。法正辅佐帮助主公，使他得以展翅高飞不再受人钳制，现在怎么能抑制法正，使他不能按自己的意志行事呢？）[3]

诸葛亮在对待法正时的态度却决然不同，彰显出诸葛亮“既严于法，又重于情”的法治思想，已然不同于秦法的严苛和刘邦“约法三章”的宽松。在诸葛亮的这种法治思想下，蜀国不仅物富民足，而且社会安定。

其实，诸葛亮这种审时度势、宽严有度的约束艺术可以应用到股权激励方案设计实施中去。企业家们可以根据企业的发展阶段，判断哪些约束条件是必须执行的，哪些约束条件可以添加进一些人情要素去执行，使整个方案实施过程中，交织着情与法，从而实现孟子口中的“以

---

[1] 诸葛亮依法治蜀经验谈. 新法家，http://www.xinfajia.net/819.html，2005.12.9.

[2] 陈寿. 三国志・蜀志・法正传[M].

[3] 陈寿. 三国志・蜀志・法正传[M].

逸道使民，虽劳不怨；以生道杀人，虽死不忿”（这句话的意思是，用劳逸结合的方法来驱使臣民，即使劳累他们也不会怨恨；用有人性的方法来杀有罪的人，即使他们死了也不会愤怒）。

激励的另一面：心发狂兮欲焚身

按照我们之前的说法，股权激励能给员工带来好处，让他们以股权的形式获得激励，增加收入。但是，每枚硬币都有两面，给人发钱会让人高兴，同时也会让他们“心发狂兮欲焚身”，让人疯狂，甚至扭曲他们的心性。。

一个好的股权激励方案能促进企业的发展，一个坏的股权激励方案也能将企业推向深渊，稍有不慎，就会带来无法挽回的影响。激励方案制订不合理，管理不严谨，就会给想要钻空子的高管带来便利。

在一个企业中，能得到不少的激励份额，最容易受到金钱诱惑，从而对企业发展产生影响的要数高管了。细想一下，高管可以获得股份的数量比较大，他们自己能接触到的信息也比较多。一旦股权激励方案制订得不严谨，难保高管不会“以股谋私”。这么一来，本来应该是股东给予管理层的股权激励工具就会变成他们牟取私利的工具了。

西方股权激励史上，曾有许多因为股改设计不合理、监管不力而导致公司消亡的惨剧。其中，安然公司的覆灭算是大家比较耳熟能详的一个了。

安然公司在没有出事之前，曾经是世界头号天然气交易商和美国最大的电力交易商，年收入将近千亿美元，在世界五百强里排名第七。但后来却因为高管冒险以权谋私，财务造假，终致企业走向了万劫不复的深渊。

有人肯定会奇怪，这样一个国际知名企业，内部的各类监管执行一定很健全，怎么会弄出这样的丑闻呢？贪婪是万恶之源，管理层在激励计划里尝到了甜头，就瞅准公司激励方案设计中的漏洞，为自己的利益“铤而走险”了。

当时，安然采用的股权激励模式是股票期权和限制性股票，方案在业绩考核和行权安排方面存在着很大的问题。

一方面是考核机构缺乏独立性，薪酬委员会基本为高管人员所把持；同时，业绩考核方法也存在问题，公司不是根据已经获得的收入，而是根据预计的收入来进行考核。这更方便了高管“创造利润”，为自己牟利。另一方面，安然公司的行权安排也不尽合理，导致高管层可以不断执行股票期权进行套现。由此可见，给员工发钱是件好事，但员工难免为金钱所诱惑，从而做出损害公司利益的事来。

就像安然的高管们一样，假如企业家在其激励计划中设定了业绩有关的行权条件，有些高管就会为了自己的利益，罔顾公司长远发展，在财务上动手脚，把之后几年的业绩增长额挪到眼下来；或者干脆在进行营销推广时，采用粗犷的方式，只求眼前的效果，而不顾长远的利益。这样看下来，短期的业绩要求是可以达到，但公司长期的利益或者声誉形象就可能受损了。

所以说，一个公司想给员工“发钱”、“分股”，它的初衷是好的，但是实施起来却有很多需要注意的地方。首要的一点是，在方案设计的时候，一定不能出现类似安然公司这样的失误。考核方法要合理，考核机构一定要独立。同时，也要有一定的监督体制，来保证股权激励方案的顺利实施。

你发给员工尤其是高管多少股，就要有多少对应的考核。一份金钱一份考核，就像是唐僧的紧箍咒一样，咒语就在企业家的心里，不需要时时使用，但对高管却是个无形的约束，让他们知道这钱绝不是白拿的，更不能在里面搞猫腻，要踏踏实实地工作才能获得。

孙悟空的本事再大，最终还是屈服在唐僧的紧箍咒下。企业家要谨记自己的“紧箍咒”，在平常的时候威慑，在关键的时候使用，不能因为激励而让企业高管们乱了心性，做出有损公司利益的事。

有标准的绩效考核，争议少了

人力资源管理中，最能体现管理者水平的莫过于绩效考核了。它已成为企业评价员工工作和激励员工的重要手段。合理客观的绩效考核不仅能使员工对自己的工作贡献有正确的认识，提高工作效率，还能让员工获取应得的奖励或激励，增强员工对企业的信赖感和归属感，从而有利于提升企业在市场经济中的竞争力。

然而，人力资源部做完绩效考核后，员工在情绪上或多或少会出现一些波动，有的员工暗自欣喜，继续努力工作，有的员工则表现出工作效率下降，甚至出现想跳槽的心理迹象。前者多是对绩效考核表示满意，而后者更多的是委屈和抱怨，“明明自己很努力了，绩效考核结果却不理想。明明事情的责任不全在自己，绩效考核时，责任都归结到自己身上来了”。员工欲言又止，似乎事情没办法得到解决，最终的结果是要么隐忍，要么走人。

其实，对绩效考核不满意的职场人士不在少数，企业也经常为此头痛不已。而绩效考核的争议常常落在了绩效考核标准的合理性和公平性上。

在绩效考核方面，古代就有汉高祖刘邦曾深陷“绩效门”危机。但高超的绩效沟通艺术和公平合理的绩效考核标准，让他力挽狂澜，重新获得了群臣的拥戴。

历朝皇帝在打下天下后，有个惯例就是论功行赏，汉高祖刘邦也不例外。刘邦建立西汉后，为了尽快稳定这来之不易的大好局面，避免再起战火，立即根据将士们的绩效贡献进行封赏。

首先，他对在打败项羽的战争中具有突出贡献的、相对独立的各路军事统帅进行分封，给予最高封赏，即所谓的“封异姓王”，因为这个群体功劳最大，也是最不稳定的因素。

接下来在分封爵位的过程中，引发了群臣的争议，焦点在于“一线业务人员”与“二线的支持与管理人员”的绩效贡献大小问题。争吵过程中，公说公有理，婆说婆有理。刘邦认为，萧何的功劳最大，得到的封赏也应该最多。一线的功臣们却认为，自己在战场上出生入死，却没有一个舞文弄墨的行政后勤官员得到的多，大呼不公。

刘邦问：“你们知道打猎是怎么回事吗？”大臣们说：“知道。”刘邦又问：“那你们也知道猎狗吧。”大臣们说：“也知道。”刘邦说：“这个打猎呢，追杀野兽、兔子的是猎狗，指明野兽、兔子位置的，是猎人。你们这些能够抓到野兽的，只不过是功狗罢了，而萧何能够指出野兽的位置，适时放出猎狗，则是功人！”群臣听完之后，便再无怨言，欣然接受刘邦将最多的封赏给了萧何。[1]

中国人在面对利益分配时，往往有一种“不患寡而患不均”的心理。他们要求的无非是公平。刘邦在区分战略绩效和执行绩效时所展现出的睿智和艺术，让绩效考核有了合理公平的标准，平息了郁积在功臣们心中的不公情绪，也让“绩效门”事件归于平静。

---

[1] 组织管理者“绩效门”：古代帝王如何考核下属. 网易，http://money.163.com/08/1216/09/4T9CDIKV002524TH.html，2008.12.16.

考核与激励是硬币的两面

前文中，我们提到绩效考核要有标准，才不会引起不必要的争论。但很多公司的HR们还有更深层次的苦恼。他们发现，绩效考核对信息的掌握量有着极其苛刻的要求，一旦信息掌握不充分，即信息不对称，绩效考核就难以较好地实施。

这就好比，管理学课堂上经常分析的经典案例《鲁滨逊漂流记》中，为了维持荒岛上的生存，主人鲁滨逊和仆人星期五必须从事树上摘果子和海边捕鱼的两种工作，而且彼此没法相互监督。那这两项工作该怎么分配呢？由于主人是为自己干，他一定不会偷懒，但仆人是为主人干，很有可能偷懒，这其中存在道德风险。所以，在当时的条件下，主人必须对仆人进行绩效考核，也就是在分配工作时，让仆人的工作很容易被监督到，以便充分掌握信息。

认真分析发现，就摘果子而言，由于果子是长在树上的，摘到果子的数量与人的努力程度有着非常直接的联系。但捕鱼就不一样，捕到鱼的数量不仅和个人的努力程度有关，还和其他很多外界因素有关，比如海啸、环境污染、水域曾被过度捕捞等。如果让星期五去捕鱼，就无法对其进行绩效考核。所以，基于信息对称与否，科学分配工作的结果是，安排星期五去树上摘果子，而鲁滨逊去海边捕鱼。

那么，对于从事信息不对称，其工作很难监督的员工，需要采取什么方式去激励他们工作，并规避相关道德风险呢？答案是给股份，让股份去激励他们将工作做好，同时约束他们不做出有损公司利益的事情。

对于这一点，被誉为“营销女皇”的格力电器董事长兼总裁董明珠就深知这其中的奥妙，在地方上形成了“股份制区域性销售公司模式”。这种模式最早形成于湖北，被格力电器奉为制胜法宝。

在湖北地区，格力电器原先有四个空调批发大户，销售业绩都很好。但1996年，空调厂家挑起了著名的“空调大战”，这四家批发大户也卷入其中，为抢占地盘，开始竞相降价、窜货、恶性竞争，格力空调的市场价格也因此受到影响，商家和厂家的利益都遭受了严重的损害。为此，董明珠几次亲自跑到湖北，动员当地的大经销商和厂家并肩作战。

1997年底，董明珠的大胆设想与湖北经销商的自觉要求不谋而合：在湖北省成立一家以资产为纽带、以格力品牌为旗帜，互利双赢的经济联合体——湖北格力空调销售公司。这是格力电器独创的中国第一家由厂商联合组成的区域性品牌销售公司。其中，格力电器只输出品牌和管理，在销售分公司中占有一定的股份。该模式被格力电器迅速推向全国，先后在重庆、安徽、湖南、河北等全国32个省市成立了区域性销售公司，成为格力电器参与激烈市场竞争的“杀手锏”。[1]

从董明珠创造的“股份制区域性销售公司模式”可以看出，当生产企业无法时时监督经销商是否会做出有损品牌的行为时，以股份作为资产纽带，可以很好地解决利益的创造与分享的问题。一方面，各区域经销商可以发挥其主观能动性，并充分整合与调动当地的人脉资源。另一方面，该模式下的销售公司是独立法人，股权非常明晰，可以形成良性的股权激励机制，构成真正的利益共同体。各经销商也会因此为格力品牌的打造和营销不遗余力。[2]

---

[1] 晓睿. 董明珠：家电王国的“铁娘子”[J]. 中关村，2014.4.3.

[2] 廖晓. 董明珠的“区域销售公司模式”的公司治理视角. 慧聪网，http://info.ceo.hc360.com/2007/04/18082739669.shtml，2007.4.18.

最后，可以总结出这样一条铁律：考核与激励是硬币的两面。凡是从事的工作容易被监督的人，比如流水线上的工人，他一旦不努力工作，流水线上就很可能会出现货品积压的现象，用绩效考核最合适；而那些脑力劳动者，如管理工作者、营销工作者，由于存在较多的信息不对称，则需要用股权激励，从而形成良性的激励与约束机制。

功成如何身退，以“股权”释兵权

人们往往认为共患难容易而同富贵难，古往今来，有不少王朝的开国功臣下场惨淡，甚至遭遇杀身灭门之祸。《老子》中有云：“功成身退，天之道也。”看字面意思就可以知道，功业建成之后，适时抽身才是顺应天道的做法。

但为何几千年来，无论是皇帝还是大臣，企业家还是创业元老，都无法很好地参悟这里面的玄机呢？功成如何身退，无论对下属还是领导，都是一个需要深思熟虑的问题。

手握重兵的将领或是权倾朝野的宰相，因为其手中掌握的资源——军队或者党羽圈子，使皇帝不能轻易地免去其职务。王朝稳固、四海升平的时候，没有一个皇帝愿意看到手下的大臣在自己眼皮底下称霸。这时候，如何能够不乱人心，又能巧妙地使他们“解甲归田”，实属一门艺术。

纵观中国几千年的封建王朝历史，开国皇帝对待功臣无非有如下几种。第一种：对开国功臣大肆诛杀或削权，典型的代表有汉高祖刘邦和明太祖朱元璋。第二种：对功臣一面威逼一面利诱，典型的代表有宋太祖赵匡胤。第三种：皇帝善待功臣，除了个别有明显谋反之心的，基本都得以善终，典型的代表有唐太宗李世民。

类比到企业来说，第一种是撕破脸皮、一拍两散，第二种是砂糖和鞭子一起来，第三种则是最为明智也最体面的“以利退之，以退为进”。换句话说这第三种方式，就是“以股权释兵权”。

在这三种方法中，人们历来最为称赞第三种，因为它达到了一种双赢的境界——既保全了功臣们的名声和地位，也保全了皇帝的江山。唐太宗李世民、汉光武帝刘秀为各自的功臣们加官晋爵、建阁挂像，凌烟阁二十四功臣、云台二十八将的名号流芳百世，而他们自己也被后世认为是胸襟开阔的贤明之君。

对于企业家来说，那些和自己一同创业的元老，在公司中多半都身居要职。而随着公司的不断发展壮大，需要引进新的人才和管理者，某些老臣可能出现居功至伟的念头，或是自身的发展与企业的发展渐渐格格不入。这个时候，企业家就需要以“股权释兵权”了，运用股权的工具可以使他们从高职上退下来，交出手中的“兵权”。

同时，采用这种方法，既不会搞僵和元老之间的关系，也不会给企业带来人心动荡，避免出现一拍两散“伤和气”的局面。

飞鸟尽，良弓藏；狡兔死，走狗烹。古往今来的功臣元老往往有兔死狗烹的忧虑，功成如何身退？既非赶尽杀绝，也非威逼利诱，唯有以“股权”释兵权，方能谈笑之间，将功臣手中的权力尽数收回！

金色降落伞：搭建利益纽带，促企业长远发展

有数据表明，企业最高领导人和高管闹翻的概率高达80%。其实，这种情况在西方也颇为常见。因此，这就引发出一个世界性课题——被解雇的高管如何才能不心怀怨恨地离开。按常理，高管是公司商业情

报的知情者，掌握着公司的很多资源。他被解雇后，万一被竞争对手利用，会造成极大的隐患。

要解决这个问题，一种让高管和平退出的机制就显得尤为重要。在实际操作过程中，我们常常采用赎买制作为退出机制，也就是我们常说的“金色降落伞计划”。这种制度可以让退出的高管与公司的后续发展存在一个利益纽带，他们也就不会做出损害公司利益的事情。

我们的客户A公司就曾遇到老员工退出的问题。A公司的老板创业几十年，企业发展得非常快，慢慢地有一批成了高管的老员工们进入了不能胜任工作的年龄。当时企业正在筹备上市，很多老员工的胸怀、格局却已经跟不上企业发展的脚步，他们也到了不得不退出企业的时候了。

让老员工心悦诚服地退出绝非易事。首先从情感上讲是说不过去的。老员工在老板创业时辛辛苦苦、兢兢业业地工作，等到企业迅猛发展，甚至要上市的时候，老板却想将他们一脚踢开。在老员工的内心深处，多少都会心存怨恨，巴不得自己离开公司后，公司就马上倒闭。另外，由于老员工掌握着公司的很多机密，如果老板把这些老员工逼急了，到时候一定是两败俱伤，一发不可收拾。

此时的老板应该采取一个双赢的举措来避免这种事情的发生。于是，我们建议A公司的老板给高管们以收益分成的形式作为退出补偿，前提条件是高管们离开公司后的5年内，不得从事与公司业务竞争的工作，或泄露公司的商业机密。如果他们能够做到，届时将能兑现退出时与5年后的公司净资产增值部分的收益分成。例如，假设某高管退出时，公司净资产为1000万元，5年后公司净资产增加到2000万元，其股份占比为10%，该高管将获得的退出补偿为(2000万−1000万)×10%=100万(元)。如果他违规了，这100万元就无法兑现给他了。

这种赎买式的退出机制，让退出的老员工依然期待企业的高速发展，给他带来更多的收益，也让A公司尝到了甜头：公司不仅如愿上市，还获得了净利润复合增长率为50%的回报。其实赎买制这种方式，早在近代的票号中就得以应用。

票号的不断传承与东家对大掌柜采用赎买制不无关系。票号发展到一定程度后就会出现一种现象，大掌柜会打击后面进来的新人。做到大掌柜的票号员工常常会有个忧虑，如果新人哪一天发展起来就有可能顶替大掌柜的位置，这也是师带徒模式的潜在隐忧——“徒弟打师傅”。因此大掌柜就可能会暗中阻挠新人们的上升发展。长此以往，这将对票号的发展产生不利影响。此时，票号就必须有一种机制，让年轻时候的功臣，到老的时候不成为这个票号的障碍。

于是，票号就出现这样一条规定，票号员工一旦做到大掌柜的级别，其分红的权利就可以一直保留到其去世，也就是说大掌柜享有终身分红的权利，不管他有没有在票号里干满28年。正是大掌柜的终身分红权避免了大家所俗称的“59岁现象”[1]。同时，大掌柜的利益得到锁定式的保护后，新人就不会对其造成威胁。在这种制度下，这些大掌柜的既得利益被票号内部的一种方式合法化、稳定化，也就避免了一个很大的新老矛盾。

上述两个案例提及的赎买式退出机制有个共同的特点和优势，就是通过建立利益纽带，让对企业有突出贡献的老员工不阻碍企业的长远发展，进而和平退出。这种方式对处理老员工退出问题具有非常高的借鉴价值。

[1]“59岁现象”在经济领域中主要是指一些国有企业领导人在退休前一反几十年守法努力工作的常态，为自己大谋私利，侵吞国有资产的现象。

三千年未有之大变局

——以股为利器，破前途迷雾

清朝末年，风雨飘摇，面临着内忧外患，权臣李鸿章发出了“三千年未有之大变局”的感慨。探索前进之路，古来有之。而今，中国社会的发展也到了一个转折的时点。市场经济在中华大地上蓬勃发展，其自由交换的原则决定了这个时代的中国企业更需要的不是农耕经济时代的单干，而是团队联合的发展方式。而股份，在这其中的重要性不言而喻。

希望我在《股法》一书中所提及的一些思想和观点，能够帮助诸位企业家破除前进途中的迷雾，抵达心中的净土。

四百年与六十年，拉开行业整合大幕

有句俗话叫“三十年河东，三十年河西”，站在改革开放30年的十字路口，有很多事情都在悄然发生着变化。相比于西方400多年稍显漫长的股份公司史，我国的企业很有可能会在未来的30年中成功走出属于自己的一条道路，行业整合的大幕正徐徐拉开。

从西方企业的成长史中，可以发现一个真相：在充分竞争的市场结构下，行业中的企业数量不是越来越多，而是越来越少，少到最后就成了行业寡头。企业的发展是一个“大鱼吃小鱼、快鱼吃慢鱼”的过程。

改革开放30年的时间催生了数量众多的中小企业，随着改革进程的深入，越来越多的小企业正面临着倒闭的危险。资金成本越来越高、地租人工都越来越贵，很多因素都会压缩小企业的利润。“做”企业是由易到难，刚改革开放时，大家的水平都比较低，有些竞争也不过就是矮子里面拔将军。但到了后来，不同企业之间的差距开始渐渐拉大，各个行业中都有佼佼者。即便是小到榨菜、酱油这样的衣食住行中的必需品，也有了涪陵榨菜和海天酱油这样的行业龙头。这说明中国行业整合的大幕正在拉开，这是一个大趋势。

在过往30年中催生的众多小企业，将会在后30年中主动或被动地经历一波又一波的“大浪淘沙”。对企业来说，努力成为行业寡头，是一个比较有保障的发展方向。在市场经济中，充分竞争的行业从长久来看是不会有利润的。由于竞争的存在，会使得利润率不断地下降一直到零为止。如果你不能成为某个行业的寡头垄断者，垄断某种要素、资源，构筑行业壁垒来保障好商业模式的实施，最后充分竞争的力量就会把企业的利润挤压到零。

大浪淘沙始见金。行业整合大幕已经拉开，只有把握好机会的企业才有机会笑到最后。

创新与垄断并立，机遇与挑战共存

行业寡头的不断崛起，无疑是大势所趋。与此同时，创新者也闪现着他们独特的光彩。未来是两类企业的天下，一类是垄断者，一类是创新者。

创新，从它诞生那一刻起，就注定要革垄断的命。而当创新者打败从前的垄断者成为其继任，志得意满之际创意精神渐渐消亡，则又会成为新的垄断者，开始一轮新的循环。

就拿手机行业来举例子，从之前的摩托罗拉，再到后来的诺基亚，都是当初被认为地位不可撼动的垄断巨头，最终这两者却因为在智能手机时代到来的关口没能调整好自身继续创新的步伐，从巨浪的浪头上被狠狠摔下，一个被联想收购，一个被微软收购。而这两家公司，在开始时也是以创新者的姿态迈上了成功者的宝座，却在成为行业前列之后失去了创新意识。正因为如此，他们才会输给了后来居上的苹果、三星等新一任的“创新者”们。

公司的利润只有两种源泉，一种是创新，一种是垄断。寡头为阳，创新为阴，根据经邦咨询多年来对于企业成长周期的研究，多数企业在成长期时，创新是其利润源泉，因为此时的企业最有活力，最有可能打破从前的垄断；而当企业到了中年期，利润源泉就多以垄断为主。对于我们当下的企业家来说，企业年轻时要做创新者，到了中年期时就应努力成为垄断者。由于垄断和创新是一对并立共生的“双生子”，任何时候都是机遇和挑战并存，绝不能懈怠。

以股为核心，行无为大道

当下是激变的关头，企业家的心中一定存有很多迷惑，这本《股法》包含了我多年来积累下的一些思想和经验，希望能为企业家们指点迷津，拨开迷雾。其核心理念就是：以股为核心，行无为大道，打通企业任督二脉。

股乃企业家手中的利器，可助他们破前途迷雾。《股法》一书，从宏观到微观地向大家讲解了股之精髓，告诉企业家控制权的重要性，授其以妙法，助他们改变格局，成就伟业。而后，又从微观角度，从股、人、时、价、量五个方面具体向企业家展现了股权在激励方面有哪些需要注意的点。

股的内涵博大精深，在这本书里所提及的也只是概括精炼的一部分。对于企业家来说，最为关键的还是要从意识上实现转变，重视“股”，利用“股”，借助“股”的力量实现自己心中的梦想。

明代思想家王阳明有云：“立志用功，如种树然。方其根芽，犹未有干；及其有干，尚未有枝；枝而后叶，叶而后花实。初种根时，只管栽培灌溉，勿作枝想，勿作叶想，勿作花想，勿作实想。悬想何益！但不忘栽培之功，怕没有枝叶花实？”空想无益，着手开始奋斗才能收获果实！

而其“破山中之贼易，破心中之贼难”说的是企业家应去除心中的小我，成就员工的大我，甚至达到利益众生的无我。

中国社会当下业已到了“三千年变局”的紧要关头，股份在企业的发展过程中占据着无比重要的地位，股权时代已经来临！

有大抱负者成大业！希望在这本《股法》的帮助下，每个企业家都能去除心中之贼，舍得分，愿意分，会分，能分，巧分！早日实现自己心中的抱负，带领企业走出一片更为广阔的天地！

GUFA
股　法

图书在版编目（CIP）数据

股法 / 薛中行著. — 武汉：湖北科学技术出版社，2015.3（2015.6，重印）
ISBN 978-7-5352-7515-8

Ⅰ. ①股… Ⅱ. ①薛… Ⅲ. ①股权—投资基金—研究—中国 Ⅳ. ①F832.51

中国版本图书馆CIP数据核字(2015)第044915号

责任编辑：刘志敏
封面设计：刘福珊
责任印制：朱　萍

出版发行：湖北科学技术出版社
　　　　　www.hbstp.com.cn
地　　址：武汉市雄楚大街268号出版文化城B座13-14层
电　　话：027-87679468
邮　　编：430070
印　　刷：武汉市金港彩印有限公司
邮　　编：430023
印　　张：10
开　　本：650mm × 1000mm　1/16
版　　次：2015年3月第1版
印　　次：2015年6月第2次印刷
定　　价：98.00元

本书在撰写过程中查阅资料众多，有些引用资料未能标明来源的，希望相应作者能及时和我们联系：021-61365418。